まちなか 植物観察のススメ

監修 鈴木 純
（植物観察家）
漫画 カツヤマケイコ

小学館

はじめに

植物を楽しむためにはなにが必要でしょうか。わたしはまず、「植物の見方」を知ることが大切なのではないかと思っています。「植物の見方」とは、葉や花などの細部を見るということです。細部を糸口に無限に広がる植物の世界を少しずつ紐解いていくのです。

じつは私自身が、大学生のときに「葉の見方」を教わったことで、植物の世界にのめり込んでいったという経験を持っています。最初に私の心をつかんだのは、植物用語です。たとえば、葉のふちにあるギザギザ。これには「鋸歯《きょし》」という用語がついています。それを知ったとき、「このギザギザ、呼び方があったのか…」と、妙な感動を覚えました。そして不思議なことに、この用語を知ってから、まちなかの樹木の鋸歯すべてが気になるようになったのです。そうするうち、「この鋸歯は丸いなぁ。ということはマンリョウかな?」といった調子で、樹木の名前を鋸歯から推測できるようになりました。

それまでは闇雲に植物を見て名前を覚えようとしていました。しかし、植物のどこに、どのように注目すればいいのかを具体的に知ることで今までとまったく違う植物の識別ができるようになっていたのです。

葉以外にも、花や実やタネなどの見方も整理して知っていけば、人それぞれが植物を自由に楽しむための土台が作れるのではないだろうか。そのような考えから、毎年、一年間通して植物を知るための観察会を実施しています。自分がこんな風に植物のことを教えて欲しかったという内容です。この本は、その年間講座で話したり観察したりしていることを漫画化したものです。

漫画という性質上、知識や情報を簡単にして表現した部分があります。さらに詳しく知りたい方のために、お勧めの本や図鑑もご紹介しました。気になるテーマがあれば、その本にステップアップするという形で、この本と付き合っていただければ幸いです。

それでは、たのしく愉快な植物の世界へ、いざしゅっぱーつ！

植物観察家　鈴木 純

プロローグ

みなさんは植物に興味がありますか？
イラストレーター カツヤマケイコです
私、カツヤマは実に47年間「植物」を素通りして生きてきました。
新緑だよ
咲いてるよ
てってけてー
お母ちゃん、この花かわいーねー
何ていう花？
知らん!!
長女
次女
かわいーね（棒）
さっ行くよ！
てな感じで。
そんなある日
仲のいい編集者Kさん
最近植物の観察会に行ってるんですよ
へー
これがすごくおもしろくって
あ、そう
あ、ハイボールおかわりお願いしまーす

今度一緒に行きましょーよ！
絶対ハマるって!!
えー興味ないなー
仕事としてなら行きます？
この楽しさマンガにしましょうよ!!
ハイハイ考えときまーす
と、生返事をしていたら話が進んでいた。
あれ？いつの間に？
はじめまして植物観察家の鈴木純です
まちの植物と友だちになりにいきましょう
しかし、この純先生との出会いによって私は「植物」という新しい世界の扉を開くことになったのです。
カパ
その魅力は本編で語るとして…

植物観察・準備編
持ちもの
まずは通勤通学、買い物途中で観察する場合
日常でフラっと
なんにもいりません
準備なし!
ま…そうか…用があって外に出たついでって感じだもんな
しいて言えば「いつどこで素敵な植物に出会うかわからないぞ」という心の準備くらいかな
あーわかります
私も外を歩いてるとつい、キョロキョロしちゃってますよ。
これまではただの「背景」だったのに急に解像度が上がって、視界に入ってくるようになりました。
これ、なんて草だろう…
おもしろい花が咲いてるーー!
すばらしいっ

次は本格的に「植物を観察しよう！」という場合
純さんの観察会でみんなが使っているものですね！
★接写ができるカメラ
スマホに100均のマクロレンズを装着するのでもOK！
★ルーペ
細部まで観察！
このスマホ装着のマクロレンズで代用するのもアリです！
★プラスチック製保存容器
気になった葉や果実種子などを持ち帰るときに。
★カッター
花や葉のつぼみ、果実、種子を割って断面を観察しよう！
おもしろい発見があるかも！
注
人の家の植え込みや、公園などの植物は、勝手にとってはいけません。

★ノートと筆記用具
植物の形や特徴をメモ&スケッチ!
ハナミズキ
写真を撮るだけでもいいのですが…
自分の手でスケッチした方が形がしっかり頭に入ってくるのでいいですよ
INPUT

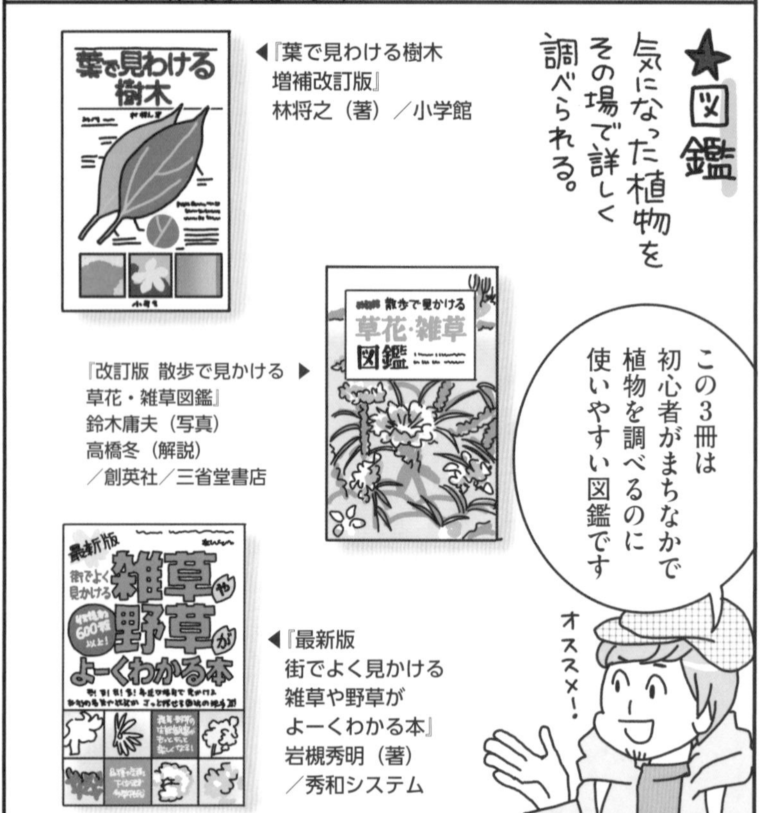
★図鑑
気になった植物をその場で詳しく調べられる。
葉で見わける樹木
◀『葉で見わける樹木 増補改訂版』林将之（著）／小学館
散歩で見かける 草花・雑草 図鑑
『改訂版 散歩で見かける草花・雑草図鑑』鈴木庸夫（写真）高橋冬（解説）／創英社／三省堂書店 ▶
最新版 街でよく見かける 雑草や野草がよーくわかる本
◀『最新版 街でよく見かける雑草や野草がよーくわかる本』岩槻秀明（著）／秀和システム
この3冊は初心者がまちなかで植物を調べるのに使いやすい図鑑です
オススメ!

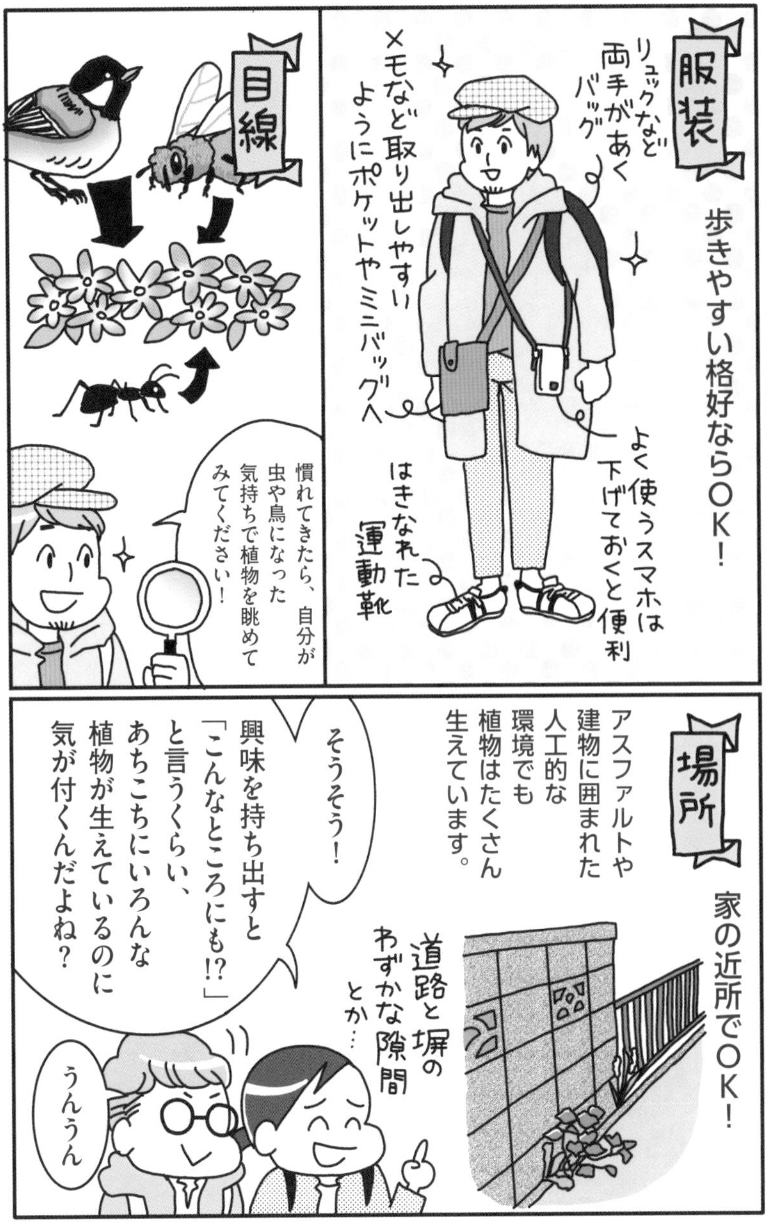
服装
歩きやすい格好ならＯＫ！
リュックなど両手があくバッグ
メモなど取り出しやすいようにポケットやミニバッグへ
よく使うスマホは下げておくと便利
はきなれた運動靴
目線
慣れてきたら、自分が虫や鳥になった気持ちで植物を眺めてみてください！
場所
家の近所でＯＫ！
アスファルトや建物に囲まれた人工的な環境でも植物はたくさん生えています。
道路と塀のわずかな隙間とか…
そうそう！興味を持ち出すと「こんなところにも!?」と言うくらい、あちこちにいろんな植物が生えているのに気が付くんだよね？
うんうん

楽しむポイント1
植物の生き方を知る。
植物は根をはってその場から動きませんよね
なので「移動しないで生きる術」を持っているわけです
太陽の光をどうやって効率よく集めるのか。
鳥や虫、人間にタネを運んでもらうにはどうすればいいのか。
自分でタネを遠くへ運ぶにはどうすればいいのか。
植物一つひとつが工夫を凝らして生きています
植物は驚くほど様々な形をしていますが
その形になった背景を推測してみるのも楽しみ方のひとつです

楽しむポイント❷
定点観察をしてみよう。
植物は動かないので定点観察にはもってこい!
毎日のように通る道の草花を季節ごとに観察してみてください
春
樹木はいつどんな新芽をつけるのか。
夏
葉はどのように変化するのか。
緑のままのもの
枯れて落ちるもの
どんな形の花や果実、種子をつけるのか。
秋
植物は同じ場所でも季節によって生えてくるものが違います。
冬
自分の住む街の風景に植物のストーリーが浮かび上がってきますよ
さあ植物観察を楽しみましょう

目次

第2章 草について　67

第3章

季節別植物について　117

この本の使い方

この本では、まちなかで観察したい植物を100種類以上紹介しています。
その中でも、より詳しくみたい植物を、漫画の中で、黄色くマーキングし
その生態を図鑑形式で掲載しました。観察の途中で見つけたら、
印をつけたり、メモを書き入れたり、自由にカスタマイズしてください。

①植物の名前

一般的にその植物が呼ばれている和名を入れています。植物の名前は、原則全てカタカナで書かれています。

②見つけた!マーク

まちなかでこの植物を見つけたら、マークに色を塗りましょう。

③メイン写真

漫画で取り上げたその植物の特徴がわかる写真を掲載しています。

④覚えてねマーク

その特徴が見られる時期や、形態名など、メイン写真と関連づけて覚えたい事柄が書いてあります。

⑤基本データ

科目：植物が属しているグループ名
背丈：平均的な全長。ただし、「つる性」は全長がとても長くなるので詳細な数字は入れていません。
見られる所：まちなかで見つけやすい場所を紹介しています。

⑥説明本文

植物の特徴や名前の由来などを記しています。

⑦サブ写真

植物全体の写真です。花や季節別の姿もあります。

⑧こぼれ話

説明本文に入れられなかったけれど、お伝えしておきたい情報が入っています。

⑨MEMOスペース

観察して気づいたことを一言書き入れましょう。

⑩観察のポイント

紹介した植物の特に観察すると面白い部分の写真と解説です。

注意事項
・本書は、関東圏で実際に観察した記録をもとに作成しています。地域によっては見られない植物があったり、背丈や観察する時期が異なったりする場合もあります。
・植物は、むやみに口に入れず、触った後には必ず手を洗いましょう。

植物名目次

さて！ ここでまた問題です！
クイズ☆複葉
デデーン!!
お正月に飾ることの多い赤い実をつける
ナンテン!!
ピンポン！
ですが…ナンテンはどこからが1枚の葉でしょうか!?

第1章 木について

同じような木ばっかだけど…？

木① 葉の形

植物と友だちになる講座開講！
みんな植物の名前を覚えたいかー!?
オー
植物の名前がスラスラ出てきたら…カッコいい!!
ステキなお母さん
娘たち
これはシャクナゲだよ
植物の名前を覚えたいならまず「木」をお勧めします！
木!?
だと!?
草花の方がわかりやすくありませんか？
見た目が全然違うし…
草は季節や環境によって形を変えるので、一年を通して形が安定している木の方が導入にはいいんです

基本的な話から言うと草と木の違いはこんな感じ
形
草
同じ花や葉でも大きさや形はいろいろ…
大
木
形は安定している
ドーーン!
寿命
草
短命
ひ〜
木
長生き!!
樹齢100年!!
ワハハ!
茎
草
成長しても茎の太さは同じ
色はずっと緑色
木
成長と共に茎は太くなる
(肥大成長)
色は緑色から茶色へ
私は太らない草になりたい…
でも短命はイヤ…
だから!
変化の少ない木の方が、初心者には覚えやすいと、ボクは思っています
ナルホドー

そして木を見分けるためにはまず「葉」を見ます！
いくつか葉を配るのでじっくり観察してみてください！
葉…
正直、違いなどほとんどないよーに見えるけど…？？
日本の木は千数百種類ありますが、葉の大きさや形、葉脈、つき方でどんどん絞られていって最終的に「数種のうちのどれか」みたいなことになるんです。
何かの葉
ヒント1
他の木
ヒント2
他の木
ヒント3
他の木
AかBかC？
なるほどヒントを元に推理して可能性のある木を絞るんですね！
探偵みたい～
誰がワトソン君やねん…
分厚い図鑑の中から名前のわからない植物を見つけるのは大変でしょう？
植物図鑑
ドーン
植物図鑑は葉などのヒントを元に整理されているものがあるのでまずはヒントを知るところから…
そのヒントとやらをもっと詳しく!!

ではもう一度、先ほど配った葉を見比べてみてください
じっ…
よく見ると葉のフチがギザギザになっているものと…ツルツルのものがあります！
葉脈の模様？が違うような…
そうですね！ それこそが木の名前を知るヒント！
ホントだ…言われてみれば確かにそれぞれ特徴がある…!!
みんな違って みんないい!!
その特徴の組み合わせで名前を特定していくんです
特に重要なポイントは4つ！
☆葉身《ようしん》…葉の主要部分
☆葉脈《ようみゃく》…葉のすじ
☆葉縁《ようえん》…葉の縁《ふち》
☆葉柄《ようへい》…葉身と茎をつなぐ柄《え》

「葉」を見分ける4つのポイント まずは言葉を覚えよう!!

①葉身（ヨウシン）

葉の主要部分。
楕円の形の「楕円形《だえんけい》」
ハート形の「心形《しんけい》」
線のように細長い
「線形《せんけい》」など様々ある。

②葉脈（ヨウミャク）

水や養分などを運ぶ通路。
葉身の中央を通る太い
葉脈を「主脈」、そこから
伸びる葉脈を「側脈」という。

「網状脈《もうじょうみゃく》」「平行脈《へいこうみゃく》」「三行脈《さんこうみゃく》」

などがある。

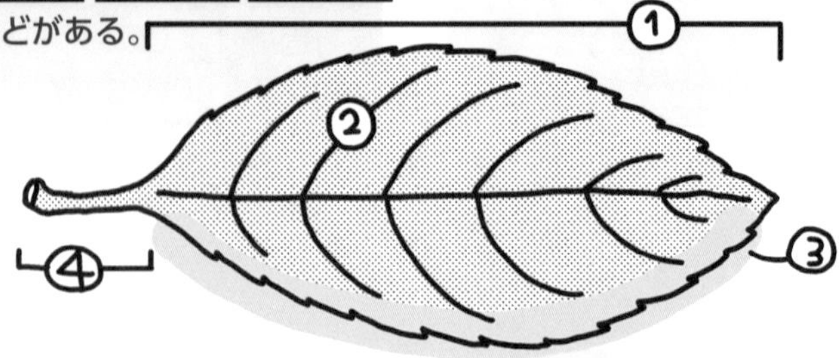
①
②
③
④

③葉縁（ヨウエン）

葉身の周縁部。
葉縁につくギザギザの
ことを鋸歯《きょし》という。
鋸歯のないものは、
全縁という。

「全縁《ぜんえん》」「鋸歯縁《きょしえん》」「重鋸歯縁《じゅうきょしえん》」

④葉柄（ヨウヘイ）

葉身を茎につないで
いる細い部分。
葉柄の長さがヒントに
なることも！

長かったら「ポプラ類」か
「クスノキ」かなぁ、
みたいに推測できます
ポプラ

イチョウやヤツデ、コノテガシワなど葉身に特徴のあるものもありますが
コノテガシワ
イチョウ
ヤツデ
ただ多くは楕円形や卵形なので葉身はそれほどヒントにはなりません…
葉は葉縁・葉脈・葉柄の組み合わせでだいたい判別ができます！
例えばクスノキ
葉柄が長く三行脈なのが大きなヒント鋸歯はなく葉縁は波うってます
クスノキ
三行脈とは？
葉身の根元近くで3本に分かれている葉脈のこと
【三行脈】
①
②
③
ソヨゴはクスノキに似ているけど葉脈が網の目のような網状脈です
ソヨゴ

葉の言葉をざっと覚えたところでさっそく外に出てみましょう
ぞろ
ぞろ
なんてことない公園～
この公園だけで30～40種の植物があります
え!! そんなに!!
同じような木ばっかだけど…?
この中でクスノキはどれかわかりますか?
クスノキはヒントがたくさんありましたよね
あった! これだ!!
クスノキおさらい
①葉柄が長い
②三行脈
③波うった葉縁
葉柄が長いので風に揺れる

クスノキは幹もわかりやすい！
樹皮がぼこぼこしてる！
幹もヒントになりますね
ヤブツバキは幹がなめらかですよ
美肌いいな…♥
ヤブツバキの葉縁にはよく見ると細かい鋸歯があります
ホントだ！葉脈は網状脈ですね
そして肉厚！
この木はマンリョウですね
鋸歯が丸くなっています
10～2月頃は赤い実をつけますよ
これは特徴的！
背が低い…これも木なんですね
茎の上の方は緑ですが下の方は茶色く硬くなって木質《もくしつ》化《か》しているので木です

これはアカマツ
葉が針のように細長いので針葉樹です
そういや学校で習ったな!
針葉樹
vs.
広葉樹
ちなみにアカマツは触ってもあまり痛くありません
クロマツは痛いんですよ
へー
触るときは手の甲で! 手のひらより感覚が伝わると思います
ホントだ! 痛くない!!
生け垣になっているのはヒイラギモクセイ
鋸歯が鋭いのでチクチクしますよね
鋸歯…というよりトゲですね…
トゲ状の鋸歯を持つ葉は少ないので、いいヒントになります!

これはキンモクセイ 葉脈の間が波うってたり、葉先にだけ鋸歯があります でも、葉にバラつきがあるので
いくつか見比べてみてください
ホントだ 鋸歯がわかりにくい葉もある!
キンモクセイに限らず どの木も10枚くらいから平均的なものを見るようにするといいですよ
そのほうが間違いがないので
キンモクセイも花が咲いてたら一発でわかるのにな～
匂いだけでもわかる!
「花でわかればいい」という人はそれでも全然構いません
葉まで見る必要はないですよ
でも花がないときにわかった方がかっこいいな
どんどんいきましょう
次は…
最初はどの木ものっぺらぼうだったのに…
急に木の顔が見えてきたな…
もっと知りたい～!

イチョウ

雌株と雄株があり、銀杏がなるのは雌株。秋に黄色く紅葉する。

科目：イチョウ科イチョウ属
背丈：10－30m
見られる所：街路樹・公園

扇形の葉形で、鋸歯はなく、葉の上の部分が波状になっているものが多い。葉脈が二又に分かれながら平行に何本も走る。葉柄が長いのも特徴。互生だが、短い枝では束生する。裸子植物。

MEMO

コノテガシワ

春に花を咲かせ、5月にごつごつした薄緑色の実をつける。

科目：ヒノキ科コノテガシワ属
背丈：2－10m
見られる所：庭や公園

玄関先などに植えられ、鱗《うろこ》が重なったような葉を垂直に広げている。葉の表も裏もほぼ同じ。枝葉の様子が、子どもの手のようだということで、この名前がついた。裸子植物。

MEMO

ヤツデ

冬に球体状に集まった白い花を咲かせ、春に黒い果実をつける。

科目：ウコギ科ヤツデ属
背丈：1－4m
見られる所：庭や公園

葉が、7－9つに分かれ、やや粗い鋸歯がある。葉身が20－30cmあり、葉柄も同じくらい長い。テングが持っているうちわの形に似ている葉身も特徴的で覚えやすい。

MEMO

クスノキ

葉は卵形で、鋸歯がなく、全体的に緩く波を打っている。葉の葉脈が根元で3つに分かれ(三行脈)、ダニ室がある。葉をちぎると樟脳《しょうのう》の香りがする。「トトロの住む木」としても有名。

科目：クスノキ科クスノキ属
背丈：10－30m
見られる所：街路樹・公園

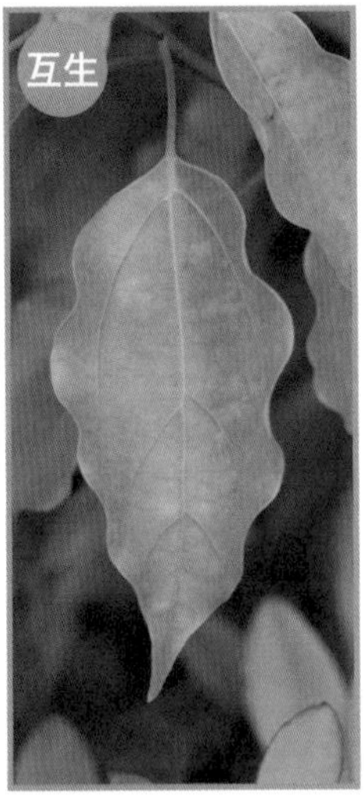

春に、赤や緑の新芽を出すが、同時に古い葉を赤く紅葉させ落葉もする。

樹皮は細かく縦に割け、がさがさ。年を重ねると裂け目が盛り上がる。

大気汚染や病害虫に強いため、街路樹としてよく使われる。

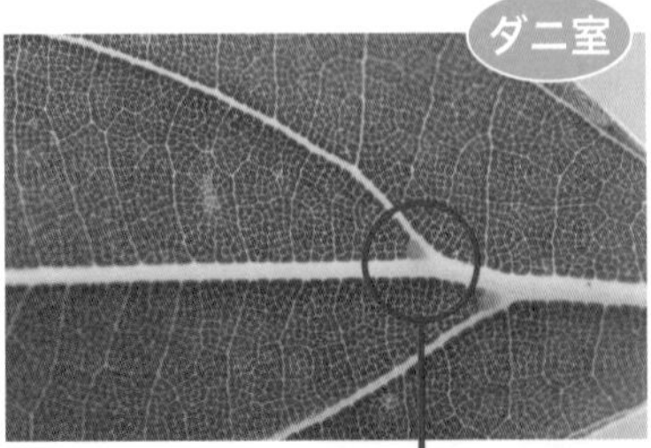

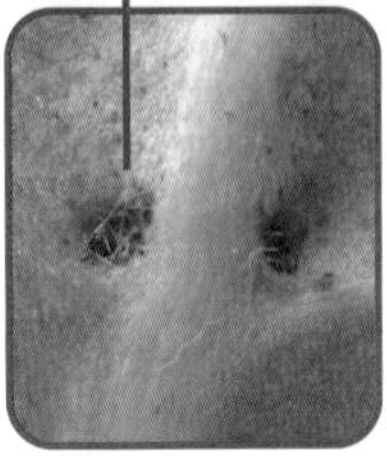

葉脈の付け根に「ダニ室」と言われるダニを住まわせるふくらみがある。葉の裏に入り口の穴がある。

MEMO

ソヨゴ

風が吹くと、葉がゆれこすれあい、キレイな葉音を奏でる。

科目：モチノキ科モチノキ属

背丈：3 － 10m

見られる所：主に庭

冬でも青々とした小判状の葉をつけている常緑樹。鋸歯はほとんどなく、全体的に波打っている。雌雄異株。初夏に長い柄の小さな白い花が咲き、秋には雌株に赤い果実がなる。

MEMO

ヤブツバキ

花は、たっぷりと蜜をたくわえ、メジロなどの鳥も吸いにくる。

科目：ツバキ科ツバキ属

背丈：3 － 12m

見られる所：庭や公園、街路樹

厚く硬い葉は光沢があり、細かい鋸歯がある。側脈の先がつながっていて、ハート形が連なっているように見える。サザンカに似ているが、葉が大きい。冬に花を咲かせ、花ごと落ちる。

MEMO

マンリョウ

大きな果実のものや白い果実をつけるシロミノマンリョウもある。

科目：サクラソウ科ヤブコウジ属

背丈：30cm － 2 m

見られる所：主に庭

葉は細長くやや反り返り、鋸歯は丸く波状。細い幹の先に固まって葉をつけ、その下に冬、赤い果実をつける。同時期に赤い果実をつける似た名前のセンリョウは、葉の上に果実をつける。

MEMO

アカマツ

冬芽は赤褐色で鱗片が反り返る。クロマツは白く鱗片は反り返らない。

科目：マツ科マツ属

背丈：5 － 35m

見られる所：庭や公園

針状の葉が2本ずつ束生。成木の樹皮は、はがれて赤くなる。幹が黒いクロマツに比べ、葉がやや細く、葉先をさわっても痛くない。果実はいわゆるマツボックリで秋に熟す。裸子植物。

MEMO

ヒイラギモクセイ

雌雄異株だが、雄株しかないとされる。10月に白い花が咲く。

科目：モクセイ科モクセイ属

背丈：3 － 7m

見られる所：庭や公園、生垣

ヒイラギとギンモクセイの雑種。葉は硬く厚い。とげのような鋸歯がある。ヒイラギと比べて葉の幅が広くて大きく、とげ状の鋸歯は小さく、数が多い。枝先に十字対生で葉がつく。

MEMO

キンモクセイ

秋に良い香りの花を咲かせた後、また花芽を出し咲くときがある。

科目：モクセイ科モクセイ属

背丈：3 － 7m

見られる所：庭や公園、街路樹

葉は楕円形で細長く硬い。葉脈と葉脈の間が膨らむ。葉の半分より上に鋸歯がある葉と、全くない葉が入り交じるなど、葉や花の変異も多いので10枚くらい見て平均をとるとよい。

MEMO

JunJunの観察コラム

① 落葉樹《らくようじゅ》と常緑樹《じょうりょくじゅ》

冬に樹木観察をしていると、葉が1枚もついていない木が多くあることに気が付きます。まるで枯れ木のように見えますが、これらは春になれば新しい葉を出し、また元気な姿を見せてくれます。こうして、春に芽吹いた葉を冬にはすっかり落としてしまう樹木のことを「落葉樹」といいます。たいして、一年中葉がついている樹木のことは、「常緑樹」といいます。

落葉樹の場合、葉が無ければ名前が調べられないじゃないかと思ってしまいますが、じつは落葉樹であるということは、そのこと自体が大事なヒントのひとつになります。図鑑には、その種類に応じて「落葉樹」、「常緑樹」と書いてあるからです。

落葉樹の葉の寿命は短いので、その葉の多くは厚さが薄く、色も明るい印象です。植物に目が慣れてくると、春から夏にかけてもなんとなくこれは落葉樹の葉かなぁという予想がつくようになりますので、ぜひそれも意識して観察してみてください。

落葉樹ケヤキと常緑樹キンモクセイ

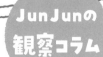

❷ 異形葉《いけいよう》

葉の形をヒントに植物を調べていると、たまに困ってしまうときがあります。ひとつの植物のなかで、色々な形の葉がついていることがあるのです。

例えば、庭木でよく使われるカクレミノ。葉身が3裂して（先が3つに分かれて）いて、着ると姿を隠せるテングの隠れ蓑に似ていることからこの名前がつけられたとされます。

しかし、実際に観察すると、2裂しかしていない葉があったり、まるで分裂していない葉があったりします。このように、ひとつの植物のなかで、色々な形をした葉がある場合、その葉のことを「異形葉」と呼びます。まだわからないことだらけですが、異形葉を持つことで、それぞれの葉が日光を集めやすくなるとか、風を受け流しやすくなるのでは…など色々なことが考えられています。

異形葉を持つカクレミノ

クワやノブドウ、ヒイラギなども異形葉を持ちます。これらは、「異形葉を持つことが特徴」と覚えておきましょう。すると、ややこしく感じた異形葉が重要なヒントに見えてきます。

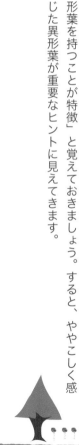

木② 葉のつき方

次は葉のつき方に注目してみましょう
ガリガリ
葉のつき方? それこそどれも同じなのでは…?
こんな感じっスよね?
そのつき方は互生《ごせい》といいます
交互に生えているので
このスダジイなんてまさに互生!
スダジイはドングリの木ですね
実
ドングリ…昔はよく子ども達と拾ったなあ…
いっぱいあるね
葉の裏が金色なのも特徴なので覚えておいてください
ホントだ!
さてこれはガクアジサイなんですけどつき方はどうなってますか?

あ！
茎を挟んで対《つい》になってる
そう！これを対生《たいせい》といいます
さらに上から見てみると…
上の葉と下の葉が直交してますよね
上から見た図
ホントだ十字になってる
これをそのまま十字対生《じゅうじたいせい》といいます
初夏に黄色い花が咲くビヨウヤナギも十字対生です。
ビヨウヤナギ
このふたつはわかりやすいのでみつけたら十字対生を確認してください

この幹がツルツルなサルスベリ…は互生？ 対生？
よくわかりません…
ああ！
これはコクサギ型葉序《がたようじょ》。2枚ずつ互生になっているものをいいます。
サルスベリ
右・右
a
a
b
c
b
c
左・左
右・右
こっちの葉がササみたいに細長いのはキョウチクトウ
キョウチクトウ
葉が輪になって生える輪生《りんせい》。
一カ所に3枚の葉が輪になってつくことが多く特に三輪生《さんりんせい》と呼ばれています。
国内では他に似ているものがないので、これは一発で見分けられますよ
アタイだけよ…
やった!!
これならもうわかる！
カツヤマは「キョウチクトウ」を覚えた。

お！
ってことは これは輪生 ですね!?
どやあっ
アセビの葉ですね
残念ながら… アセビは束生《そくせい》といって 互生の葉が束のように 集まって生える 生え方なんですよ。
アセビ
なんか… ゴメンね…
なぬーーん…
束生はアカマツやヒマラヤスギ なんかの針葉樹でよくみられます。
俺たち束生!!
アカマツ
ヒマラヤスギ
くそう…
わかりにくいですね… 何か 見分ける方法 あります？

遠くからパッと見ただけで判断せず、葉が茎についている部分まで「ちゃんと近づいて」観察すること！
ビミョーにずれてる！
上からじゃなく横からじっくり見ると葉のつけ根が輪生と違って少しずつずれているのがわかりますよ
ほほう…
これは…対生ですよね？
シマトネリコですね
フフフ
対生であってますが…
ここで問題です！
悪い顔
どこからどこまでが「1枚の葉」でしょうか!?
え？
シマトネリコ
これですよね？
ブブーッ じつは…

これで1枚なんです!
イエ～♫
1枚
ええ!?
これで1枚!? 一枝《ひとえだ》じゃなくて!?
そんなのアリ!?
ざわ…
ざわ…
鳥の羽みたいに見えるでしょう? 羽状複葉《うじょうふくよう》といってこれで1枚です 葉身がいくつかの部分に分かれたような形になってます
葉には葉身が1枚の単葉《たんよう》と小さな葉が集まって葉身をつくる複葉《ふくよう》があるんです。
単葉
複葉
どちらも1枚!
これが1枚って…混乱する～っっ!
ちょっとまってよ～!!
神々の遊びかよ
しかしどうやって単葉と複葉を区別するんですか?

「1枚の葉」だと判断するためには「芽」を探してみてください。
芽
芽は必ず葉のつけ根の上に出ます逆に考えると芽がついている部分から出ているのが「1枚の葉」です
1枚の葉
ここに芽がない
芽
なるほど!
落ちている葉を見ても判断できることもありますよ。
1枚で落ちている。
さて、これが1枚の葉だとするとシマトネリコは茎を挟んで複葉が対になってますね
葉
葉
なので対生です

複葉にもいくつか種類があって
例えばこのヤドリフカノキ※は
掌《てのひら》みたいな複葉なので
掌状複葉《しょうじょうふくよう》といいます。
これで1枚
観葉植物でよくみるやつ！
これは互生ですね
輪生と見せかけて…!!
※別名　カポック
ちなみに1枚の複葉を構成する小さな葉を小葉《しょうよう》といいます。
複葉
小葉
子どもたちとの観察会で
センセーっこれはなんの葉っぱー!?
え…なんだろ…??
というときは小葉を持ってきていることが多いんですよ
そうか…葉の一部ですもんね…
そりゃ判断できないわ…

クイズ☆複葉
さて！ ここでまた問題です！
デデーン!!
お正月に飾ることの多い赤い実をつける
ナンテン!!
ピンポン！
ですが…ナンテンはどこからが1枚の葉でしょうか!?
え〜と芽が出てる下の部分…どこだ？
ちょっとまって…まさか…
ガッサー！
これで1枚!?
そうなんです 30㎝から大きいものでは80㎝にもなる大型の複葉で
3回《かい》羽《う》状《じょう》複《ふく》葉《よう》といいます。
3回!!?
どーゆーこと!?
複葉の中には小葉自体が羽状複葉になっているものがあって…

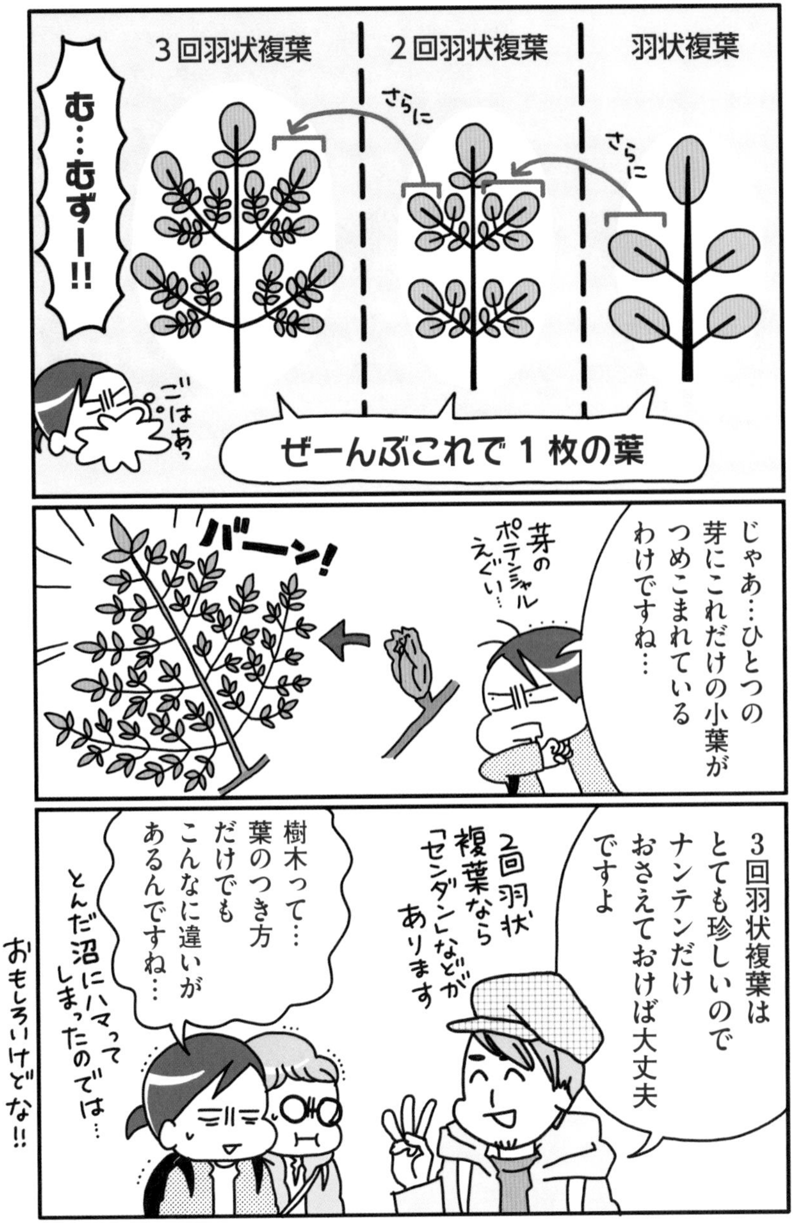
羽状複葉
さらに
2回羽状複葉
さらに
3回羽状複葉
む…むずー!!
ぜーんぶこれで1枚の葉
ごはあっ
じゃあ…ひとつの芽にこれだけの小葉がつめこまれているわけですね…
芽のポテンシャルえぐい…
バーン!
3回羽状複葉はとても珍しいのでナンテンだけおさえておけば大丈夫ですよ
2回羽状複葉なら「センダン」などがあります
樹木って…葉のつき方だけでもこんなに違いがあるんですね…
とんだ沼にハマってしまったのでは…
おもしろいけどな!!

スダジイ

科目：ブナ科シイ属
背丈：7 － 20m
見られる所：庭や公園

MEMO

5月に黄白の花が咲く。雄花は垂れ下がり、雌花は上向きにつく。

細長い厚みのある葉で、鋸歯は全くない葉と葉先半分に鈍いものがある葉が交じる。樹皮は縦に裂けざらざらしている。シイタケの原木に用いられることもある。いわゆるドングリがなる。

葉の裏は、光沢のある灰褐色で、金色に見える。ただし、白っぽいものもある。

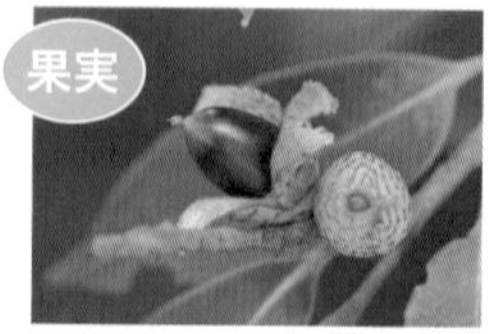

果実は、黒色で、硬い殻が割れて現れる。生でも食べられるが、炒ったほうがおいしい。

ガクアジサイ

写真の花のように全てが装飾花のものをアジサイと総称し区別する。

科目：アジサイ科アジサイ属
背丈：1 － 3m
見られる所：庭や公園、街路樹

葉は肉厚で大きく光沢があり、山形の大きな鋸歯がある。花びらのように見えるものは、ガク片が変化した装飾花《そうしょくか》。真ん中に密集している小さなものが真花《しんか》でおしべやめしべもある。

MEMO

ビヨウヤナギ

葉は十字につき、全体に光が当たるよう少しずつずらして生える。

科目：オトギリソウ科オトギリソウ属
背丈：50cm − 1.5m
見られる所：庭や公園

鋸歯はなく、先が尖った長い葉をつける。6月から7月にかけて、めしべを取り囲んでおしべがたくさんついている黄色い花を咲かせる。紅葉して落ちる葉と、落ちない葉がある半常緑性。

MEMO

サルスベリ

科目：ミソハギ科サルスベリ属
背丈：1 − 10m
見られる所：庭や公園、街路樹

MEMO

夏から秋の長い間花を咲かせるので「百日紅《ひゃくじつこう》」の別名がある。

すべすべの幹肌が特徴。葉は丸い楕円形で、2枚ずつ交互につくコクサギ型葉序。ピンクの花の真ん中にめしべが1本と短いおしべが多数あり、そのまわりを6本の長いおしべが囲む。

目立つ短いおしべの花粉には受精能力はなく、虫を集める働きがあると考えられる。

キョウチクトウ

科目：キョウチクトウ科キョウチクトウ属

背丈：2.5－6m

見られる所：庭や公園・街路樹

細長い葉が一カ所から3枚生える三輪生。地面から数本の幹を出し枝分かれして成長する。排気ガスや日差しに強いので高速道路や大きな街道沿いに植えられることも多い。

花や葉、茎や根など植物全体に毒があり、口に含むのは危険。

夏に白や赤、ピンクの花を咲かせる。八重咲きの品種もある。

MEMO

アセビ

科目：ツツジ科アセビ属

背丈：1－6m

見られる所：庭や公園

MEMO

葉が枝先に集まって束のように生える束生。良い香りの花を咲かせるが、植物全体に毒があり、馬が口にすると酔っ払ったような足のふらつきを見せるので「馬酔木」と文字を当てられたとされる。

1m程度の低木が多く、大きくなっても6mほど。若葉は赤い。

4月頃に壺の形をした花を下向きにつける。秋の果実は上向きにつく。

シマトネリコ

雄株と雌株がある。初夏に白いスプレー状の花をつける。

科目：モクセイ科トネリコ属

背丈：5 － 15m

見られる所：庭や公園、街路樹

1枚の葉が12－25cmの羽状複葉。小葉をつなぐ葉軸や葉柄が角張っている。常緑樹だが、寒さなどにより落葉することもあるので、半常緑樹ともいわれる。成長が早く、大きくなる。

MEMO

ヤドリフカノキ

観賞用として、葉の形や色を変えた栽培品種が数多くある。

科目：ウコギ科フカノキ属

背丈：1 － 5m

見られる所：庭や鉢植え

別名カポック。つやつやした肉厚の掌状複葉で常緑樹。鉢植えの観葉植物として人気。5月に花が咲くが、花を咲かせるまでに長年かかり、なかなか見ることはない。

MEMO

ナンテン

6月頃に円錐状に集まった白い小さな花を咲かせる。

科目：メギ科ナンテン属

背丈：1 － 3m

見られる所：庭

大きいものでは1枚の葉が80cmにもなる3回羽状複葉。冬に赤くて丸い実をつけ、お正月のお飾りによく用いられる。果実はヒヨドリやツグミなどの野鳥が採食する。

MEMO

JunJunの観察コラム

❸ 樹形

葉以外にも樹木の名前を調べるヒントはたくさんあります。そのひとつが樹形《じゅけい》です。樹形とは幹と枝が作りだす樹木の全体の形のこと。

樹木は種類によって枝や葉のつき方に一定のルールがあります。

同じ種類の樹木なら、どことなく似たような印象の樹形になります。

まちなかだと、剪定されて本来の樹形が現れていない木が多いですが、それでもケヤキなどはわかりやすいです。まるで箒《ほうき》を逆さまにしたような枝ぶりになるので、遠くから見ても、「おっケヤキかな？」と、その存在に気付くことができます。ハナミズキやヤマボウシ、ミズキなどは、枝がテーブル状にひろがることが特徴なので、これも遠くからの印象で「ミズキの仲間かな？」と予《あらかじ》めグループをしぼった上で、樹木に近付いていくことができます。

テーブル状のミズキ

樹形を見ておくことの良さは、冬に葉がおちたときに際立ちます。葉というヒントがないなかで、重要なヒントになってくるのが樹形だからです。なかなか覚えるのは大変なテーマですが、余裕が出てきたら全体の印象を眺めておく癖もつけておくことをお勧めします。

❹ 高木と低木

観察会中に「アセビって木なの？」と質問がありました。背が低く、木には見えないというのです。

19ページの草と木のちがいをもとに考えると、アセビの幹は細いながらも草と比べれば太く、茶色くて硬いので、やはり木と言えそうです。

おそらく感覚として理解しづらいのは、その背の低さのことだと思います。どうも、木といえば見上げるような高さまで成長するものというイメージがあるようですが、じつは大きくならない木もたくさんあります。木の種類によって樹高《じゅこう》（木の背の高さ）には限りがあり、便宜的に大体3つに分けます。樹高0・3〜3ｍなら低木《ていぼく》、3〜8ｍなら亜高木《あこうぼく》、8ｍ以上なら高木《こうぼく》と区分されます。亜高木、高木は幹がはっきりして太くなりますが、低木は根元で枝分かれするため主要な幹がはっきりしないという特徴もあります。ですが、これも立派な「木」です。

上記を踏まえると、アセビは背が低い「木」＝低木だといえることがおわかりいただけると思うのですが、いかがでしょうか。

呼び名	高さ
低木	30cm〜3ｍ
亜高木	3〜8ｍ
高木	8ｍ以上

木③ そのほかのヒント

葉の形や葉のつき方以外にも葉を見分けるときに注目したい特徴がいくつかあります
たとえばこのサンゴジュ
秋に赤い実がつくのが名の由来
サンゴジュ
葉脈の根元をよーく見てください
表
少し膨らんでる？
その部分の裏側を見てください
穴が開いてませんか？
裏
ホントだ…
それがダニ部屋（ダニ室）です
ダニ!!!
きえええいっ
べしい
ひどい…
空き部屋もあるみたいですけどね…

なんのために
ダニなんぞ
住まわせてるん
ですか…
サンゴジュ不動産
部屋？
空いてるよ
まだ不明な点が
多いのですが
ダニが害虫を
追い払う代わりに
産卵場所を提供する
といった共生関係が
あるのではとか、
ダニを集めて、
落葉するときに
いっしょに
落とすのが目的じゃ
ないかなんて
考えられています。
害虫
おっぱらい
ますんで！
そーお？
んじゃ卵産んで
いーよ
クスノキは
三行脈の
つけ根にしか
ありませんが
サンゴジュには
あちこちに
あります。
ダニ部屋
サンゴジュ
クスノキ
この枝は
病気なん
ですか？
枝が割れて
いるんですが
ニシキギですね
このヒレみたいなものは
翼《よく》といって、これまた
機能や役割は
よくわかっていないのです
ボク的にはトゲみたいに
体を防御するためのものでは
ないかと思っていますが、
一種の奇形で、特に役割は
ないと考える人もいます

わかっていないことも多いんですね～
そうなんですよ
植物に関してはいろんな人の見解があり解明されていないことが多いので
諸説あります。
という感じですね。
フフフミステリアスでしょ…
公園などによく植わっているニシキギは植栽品《しょくさいひん》で幅が太めの翼がありますが冬は葉を落とすので、翼が目立ちます
翼は、茎や葉柄、タネなどにつくヒレのようなものの便宜的な総称です。
ニシキギ
アート作品みたい…
たとえばこちらの木はユズ
葉が2枚つらなってるみたいになってる！
ユズ
葉柄に翼があるパターンです
葉っぱのヒレなんですね！
ボン、キュ、ボンでうらやましい…

ん？
葉を透かして見ると透明な点がたくさん見える！
お！
いいところに気がつきましたね！
これは油点《ゆてん》といいます。柑橘系《かんきつけい》の果実の皮にもでこぼこしている部分に半透明の粒があるでしょ？
油点
この中には柑橘の香りの油が入っています。なので油点のある葉をちぎると匂いがしますよ。
ホントだ！ユズの香り！
植物観察では葉を透かしてみたりちぎったり、匂いを嗅ぐのも大切です！
いてっ
ただし、ユズなどの柑橘系の葉柄のつけ根にはトゲもあるので気をつけてください
…って遅かった！

この針葉樹は
ヒノキかサワラか
わかりますか？
どーっちだ？
サワラ…？
って魚じゃ
なくて…？
全然
わかりま
せん！
ヒノキやサワラのような
ウロコみたいな葉を持つ
針葉樹は葉の裏を見ます。
裏
この白い筋は気孔帯《きこうたい》。
植物が呼吸をしたり、
光合成のための
二酸化炭素を取り入れる
気孔が集中している
場所です。
気孔帯にそれぞれ
違いがあるのですが…
何かアルファベットに
見えませんか？
え～
「Y」かな？
老眼
そう！
「Y」に見えるのは
ヒノキです！
正解は
ヒノキでし
た～！

ちなみにサワラは「X」！
アイウエオ順で「サワラ」→「ヒノキ」なので アルファベット順の「X」→「Y」と結びつけて覚えるといいですよ。
X…？というより仮面ライダーぽくない？
「ヒノキは卑猥《ひわい》（ヒY）」で覚えてもOKです
下ネタ、キライじゃないです!!
下ネタではない。
梅雨時に白い花を咲かすクチナシ
クチナシ
葉っぱがついている部分に近寄って、茎をよーく見てください
あっ
茎を包むように尖ったものがくっついてます！
これは托葉《たくよう》としては目立ちにくいやつなんですけど…
托葉!?
また新しい言葉キタ!!

前に葉の要素として「葉身」と「葉柄」をあげましたよね
それ以外のもので葉柄の根元につく小さな葉のようなものを托葉といいます
葉柄
葉身
主役になれなかった葉っぱみたいでけなげ…
托葉が目立つ木はそれほどないので、見分けるときのヒントになりますよ
それほどないと言いつつ…
桜の代表ソメイヨシノにも托葉があります
ソメイヨシノ
このギザギザした細いやつですか？
なじみの木なのに全然知らなかった！
ガサ
若葉の頃はありますが葉が大きくなるにつれて自然と落ちていきます。托葉には春に芽が出るときにそれを保護する役割があるのではないかと考えられています。

ま、これもまだよくわかってないんですけどね
でも、あれこれ考察するのもおもしろいですね
それはさておき
ソメイヨシノの最大の特徴は蜜腺《みつせん》!!
おくんかい
葉身と葉柄の境目あたりにぽちっと丸いものが光ってませんか?
水滴みたいなものがついてる!
ちょっとなめてみてください
甘い!!
蜜腺から蜜をだしてます
これも若葉のときのみ見られるんですよ~
蜜を求めてアリがついてることもありますよ
ソメイヨシノですら知らないことだらけだな…
この木にもアリがついてる…
もしや蜜腺があるのでは!?
蜜腺探偵参上!!

ナイス探偵！これはアカメガシワ
葉のつけ根に蜜腺があります
ルーペチェック☆
蜜腺
アカメガシワ
そうそう、このアカメガシワでおもしろい手品ができるんですよ
木の先っぽに赤い葉があるでしょ？
たしかに！
この葉の表面をこすると…
あっ!!!
バーン！
緑になった!!!
えっ!?なんでなんで？
観客
これは葉の表面を赤い毛が覆ってるんですよ

それでこすると毛が落ちて緑になるのか〜
おもしろーい
この赤い毛は葉が大きくなると目立たなくなります
若い葉を紫外線から守るためなんじゃないかと言われています
ガード!
今度うちの子どもたちに手品っつってやってやろっと
スゴーっ
ジャーン
ちなみにアカメガシワは「植物のパイオニア」といわれていて、崖崩《がけくず》れや洪水で更地《さらち》になったところでも真っ先に芽吹く強者です
強い直射日光や吹きさらしの風雨の中でも先頭に立って育つんですよ
フフフ
さらに赤い毛で紫外線から守り、蜜腺でアリを呼び寄せて他の虫から守ってもらうなかなかしたたかなやつです
個性があっておもしろいですね〜
私も見習ってしたたかにたくましく生きたいわ〜

サンゴジュ

科目：ガマズミ科ガマズミ属

背丈：4 － 15m

見られる所：生け垣、庭や公園

MEMO

濃緑色の厚みのあるつやつやした葉で、全縁もしくは上半分にゆるい鋸歯がある。生け垣などに使われる植栽種は細長い葉が多いが、幅広の葉のものもあり、葉の形は変異が多い。

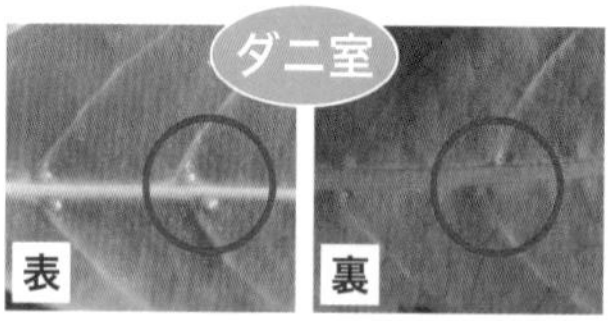

側脈の付け根にダニ室があり、表側は膨れ、裏側の凹みには毛がある。

夏から秋に熟す柄まで赤い果実を珊瑚に見立てこの名がつけられた。

燃えにくく延焼を防ぐとされ、生け垣に使われることも多かった。

ニシキギ

科目：ニシキギ科ニシキギ属

背丈：1 － 3m

見られる所：生け垣、庭

枝にコルク質で薄い土色の翼を持ち、翼が1cmくらいの幅広になるよう品種改良された植栽品もある。葉には細かな鋸歯があり、紅葉するのと同時期に、赤い果実をつける。

菱形状の葉で、秋に鮮やかな赤色に紅葉し、落ちる。

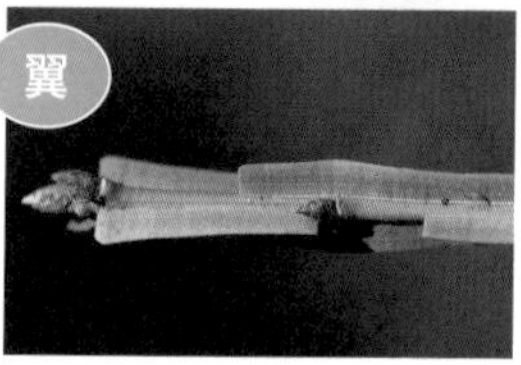

枝の節ごとに2枚か4枚の板状の翼が、対生して発達する。

MEMO

ユズ

科目: ミカン科ミカン属
背丈: 2 − 6m
見られる所: 庭、果樹園

葉柄部分に1cm以上の幅の広い翼がある。5月頃に白い花が咲き、6〜7月頃に緑色の果実がなり、秋にかけて黄色く熟す。果皮はデコボコしていて、独特の香りがする。

MEMO

柑橘系の樹木は品種改良により種類が多く、特定するのは難しい。

幹や枝、葉の付け根にトゲがある。柑橘系の木の中でも長いトゲが多い。

葉に油点という小さな斑点があり、ちぎるとユズの香りが出る。

ソメイヨシノ

科目: バラ科サクラ属
背丈: 7 − 15m
見られる所: 庭や公園、街路樹

MEMO

「サクラ」と呼ばれる樹木の代表選手。春、うすピンク色の花を咲かせ、花の後に葉を出す。葉は楕円形で、鋭い鋸歯が重なるように出る重鋸歯。托葉や蜜腺を持ち、葉柄には毛がある。

若葉のときに見られるが、いつの間にか落ちてなくなる。

葉柄と葉身の境目に、丸い蜜腺が2つあり、若葉の間甘い蜜を出す。

地面の近くまで枝を伸ばす横広がりの樹形も特徴のひとつ。

ヒノキ

日陰に育つ「陰樹《いんじゅ》」で、緩やかな三角形の樹形をしている。

科目：ヒノキ科ヒノキ属

背丈：10－30m

見られる所：公園や林

日本では、スギの次に多く植林されている針葉樹。濃い緑色で鱗状の葉が枝に密着し対生している。葉の裏の白い気孔帯がY字形になっている。樹皮は赤褐色で薄く裂ける。裸子植物。

MEMO

サワラ

ヒノキに比べて葉がまばらで、樹木の先端が尖っている。

科目：ヒノキ科ヒノキ属

背丈：10－30m

見られる所：公園や林

ヒノキに似た常緑の針葉樹で、見分けは植物観察の楽しみのひとつ。ヒノキに比べ、葉先が尖り、さわるとややチクチクする。葉裏の気孔帯は蝶々のようなX字に見える。裸子植物。

MEMO

クチナシ

5月に強い香りの花を咲かせ、冬にかけ朱色の果実をつける。

科目：アカネ科クチナシ属

背丈：1－7m

見られる所：生け垣や庭、公園

果実が熟しても裂けて開かないため「口無し」の名がついたともいわれる。常緑の葉は細長く、鋸歯がない全縁で、平行に走る側脈と側脈の間が波打つ。托葉が枝を筒状に包む。

MEMO

アカメガシワ

科目：トウダイグサ科
　　　アカメガシワ属

背丈：3 － 12m

見られる所：道端、空き地、
　　　　　　駐車場

崖崩れ後の荒れ地や造成などで空き地となった土地で最初に芽を出すいわゆるパイオニア植物の代表。そのため 1mほどの幼木を道端などで見かけることが多い。若葉が赤い。

赤い葉実験

春から初夏にかけて見かける赤い若葉の表面を、指でこすると、緑に変わる。葉の表面にびっしり生えている赤い毛がとれるため、こうなる。この赤い毛で葉を覆うことで紫外線除けになっていると思われる。

幼木は浅く 3分裂し、緩い鋸歯の葉が多い。成木は分裂せず全縁に。

葉身のつけ根に1対の赤い平面的な蜜腺があり、アリを呼び寄せる。

MEMO

JunJunの観察コラム

⑤ 木にも花は咲く

葉はわかったけど、木の花は観察しないの？と思っている方もいるかもしれません。積極的に観察してほしいのですが、木の花は小さかったり、高いところに咲いたりして、目立たないものが多いため、葉で種類を調べる方が簡単です。

例えば、すでに漫画で登場したクスノキは、初夏に花を咲かせますが、イメージが湧かないという方がほとんどなはず。なぜなら花は直径5㎜程度、人の目線より高い枝先に咲くので、開花してもほぼ気づかれないからです。

コナラの花

クスノキの花

そもそも、高木の花を観察するには、歩道橋くらい高い建造物の上から見るしかないなど制約もあります。

ただこれは、木の花は観察しなくていい、という意味ではありません。ソメイヨシノやキンモクセイのように、花ですぐ名前がわかる木も多くあります。また、コナラなど、秋にドングリをつける木の花は、いつ、どこに咲くのか調べてみるのもおもしろいですよ。あえて答えを書きませんので、ぜひご自身で探してみてください。

⑥ 草の葉の植物用語

ここまで出てきた葉柄や托葉、互生や対生などの植物用語は、木だけでなく草でも同じように使います。植物に関わる表現は聞き慣れないものが多いですが、一度知ると不思議とどんどん使いたくなるものです。

草にも植物用語はたくさんあります。たとえば「葉が茎を抱く」という表現。これは、葉身が茎の反対側まで回り込んでいることを示す言葉で、ハルジオンとヒメジョオンを見分ける際などに役立ちます。ハルジオンの葉は茎をすこしだけ抱きますが、ヒメジョオンの葉は茎をまるで抱かないのです。また、おなじ「茎を抱く」でも、ハルノノゲシのそれと、オニノゲシのそれとでは雰囲気がかなり異なります。

このあたりのちがいは本当に微妙なものなのですが、「茎を抱く」という表現を知ると、なぜだかその形を認識できるようになります。植物用語からはじめる植物観察というのも、きっかけとしてはアリなのかもしれないと思います。

③ハルノノゲシと
④オニノゲシ

①ハルジオンと
②ヒメジョオン

オススメお供本
〜木編〜

JunJunのレコメンド付き

木について、もっと知りたいときは、本を携えて、実際の葉や幹と見比べながら観察してみてはいかが。葉の特徴で樹木を絞っていくこの2冊が便利。

初心者向け

フィールド・ガイドシリーズ23

葉で見わける樹木

増補改訂版

（小学館のフィールド・ガイドシリーズ）

林 将之（著）／小学館

樹木図鑑作家の林将之さんが作る図鑑は、初心者でも「葉の特徴」から樹木を調べやすいように工夫されているので、はじめの一冊として最適。この図鑑は、わたしが大学生の時に愛用していた一冊です。

中上級者向け

山溪ハンディ図鑑 14

増補改訂 **樹木の葉**

実物スキャンで見分ける1300種類

林 将之（著）／山と溪谷社

中上級者にはこちらの図鑑がおすすめ。検索のしやすさは上述の図鑑と同様ですが、こちらは北海道から九州までの樹木が網羅的に載っているので、これさえあれば旅行中でも樹木を調べることができます。

この形…前にも
どこかで…
ダメだ！頭が割れそうだっ
前回見た
シロツメクサじゃ
ないですか？

第2章 草について

さて
いつもの
問題でーす
これは
いくつの花
でしょう

草① 花の基本

どうです？植物の名前、覚えられそうですか？
いやもう!!!
葉の形やらつき方やら…頭の中で情報が大渋滞ですよ！
ですよね…ではここから気分をかえて
「草」いってみよー！
草は「花」を見ていきます！
イエーーーッ
花!!!
また新しいヤツ！ドSかよっ!!
草…も葉で見るんじゃダメなんですか？
もちろん葉も大事なんですけど…最初に説明したとおり、草は短命で変化も大きいんですよね
花を咲かせたらすぐ枯れちゃうものもあるし…
今だ!!
だから！花が咲いているときが、草の名前を覚える最大のチャンスなんです!!

では簡単に花の作りから確認していきましょう!
一般的な花のイメージってこんな感じですよね?
……
花弁
めしべ
おしべ
がく
あ、ちなみに花の咲く時期は違うので時空をゆがめていきまーす
ウィ〜ン
さすがマンガ!!
ウィ〜ン
まずはこのオッタチカタバミがくがあって花弁が5枚、おしべが10本真ん中にめしべが1本。
春から秋に咲くよ!
オッタチカタバミ
春に咲くナガミヒナゲシは、がくは落ちますが2枚、花弁が4枚、おしべがいっぱいめしべが1本
ナガミヒナゲシ
おしべの数って花によって違うんですね…

めしべは基本1本ですが おしべの数や 花弁の数などで グループ分けされることも あるので、おしべの数は 見分けるヒントに なりますよ
おしべ4本
おしべ5本
おしべ2本
花はヒントが 多そうだね
ルーペ登場!!
こんな 細かな特徴で 分けるのか…
くっ
そして こんな風に 花弁が 分かれていて 花占いができる ような花のことを 離弁花《りべんか》と いいます
スキ…
キライ…
スキ…
わざわざ「離弁」なんて いうくらいだから、 くっついてるものもあるん ですよね？
正解！
夏に咲く ホタルブクロ 花弁の 数は 何枚 ですか？
ホタルブクロ

えー先は5つに分かれてるけど…
根元はつながってますよ?
それを「花弁が合着している」といいます。これが合弁花《ごうべんか》です。
離弁花
合弁花
花弁の根元がくっついているので1枚ともとれそうですが
花弁の数は花の先端を見て山になっている部分を数えます
ここではなく
ここ
なのでホタルブクロは5枚です
「合着」といえばこのゼニアオイ初夏に咲きます
ゼニアオイ
おしべをルーペでよーく見てください

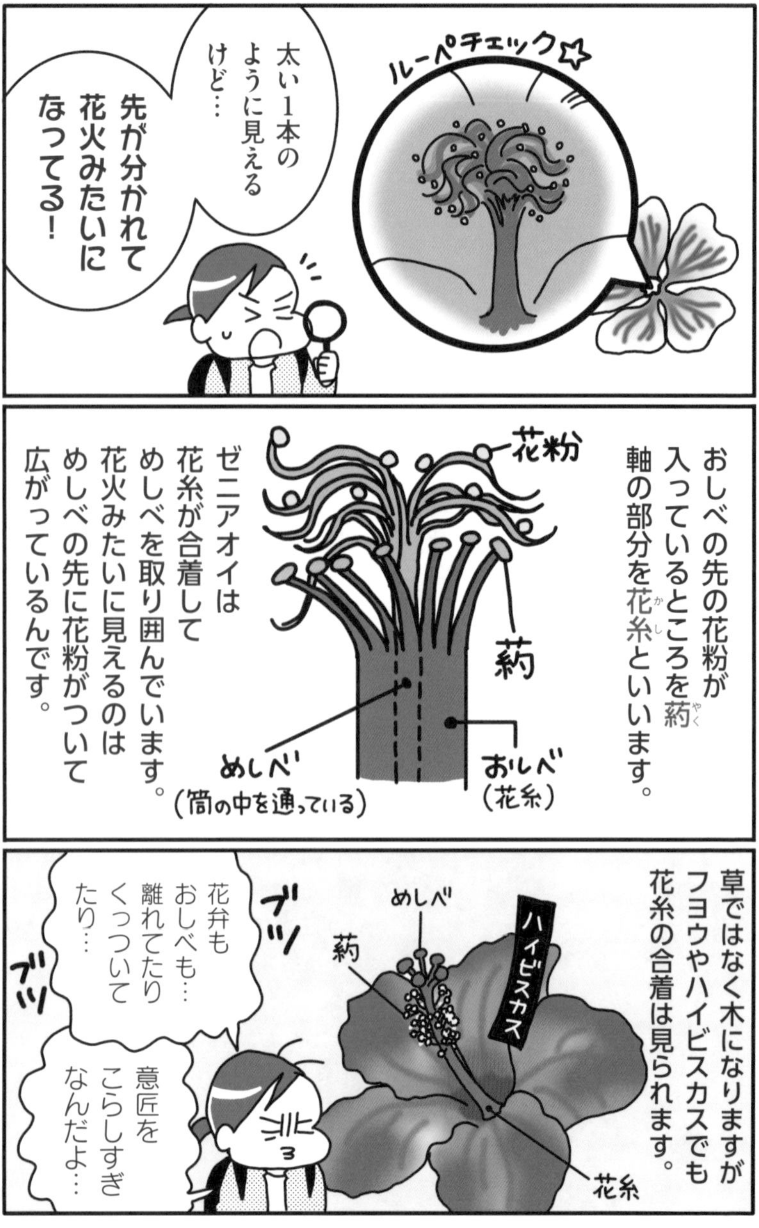

ルーペチェック☆
太い1本のように見えるけど…
先が分かれて花火みたいになってる!
おしべの先の花粉が入っているところを葯《やく》軸の部分を花糸《かし》といいます。
花粉
葯
おしべ（花糸）
めしべ（筒の中を通っている）
ゼニアオイは花糸が合着してめしべを取り囲んでいます。花火みたいに見えるのはめしべの先に花粉がついて広がっているんです。
草ではなく木になりますがフヨウやハイビスカスでも花糸の合着は見られます。
ハイビスカス
めしべ
葯
花糸
ブツ
ブツ
花弁もおしべも…離れてたりくっついてたり…
意匠をこらしすぎなんだよ…

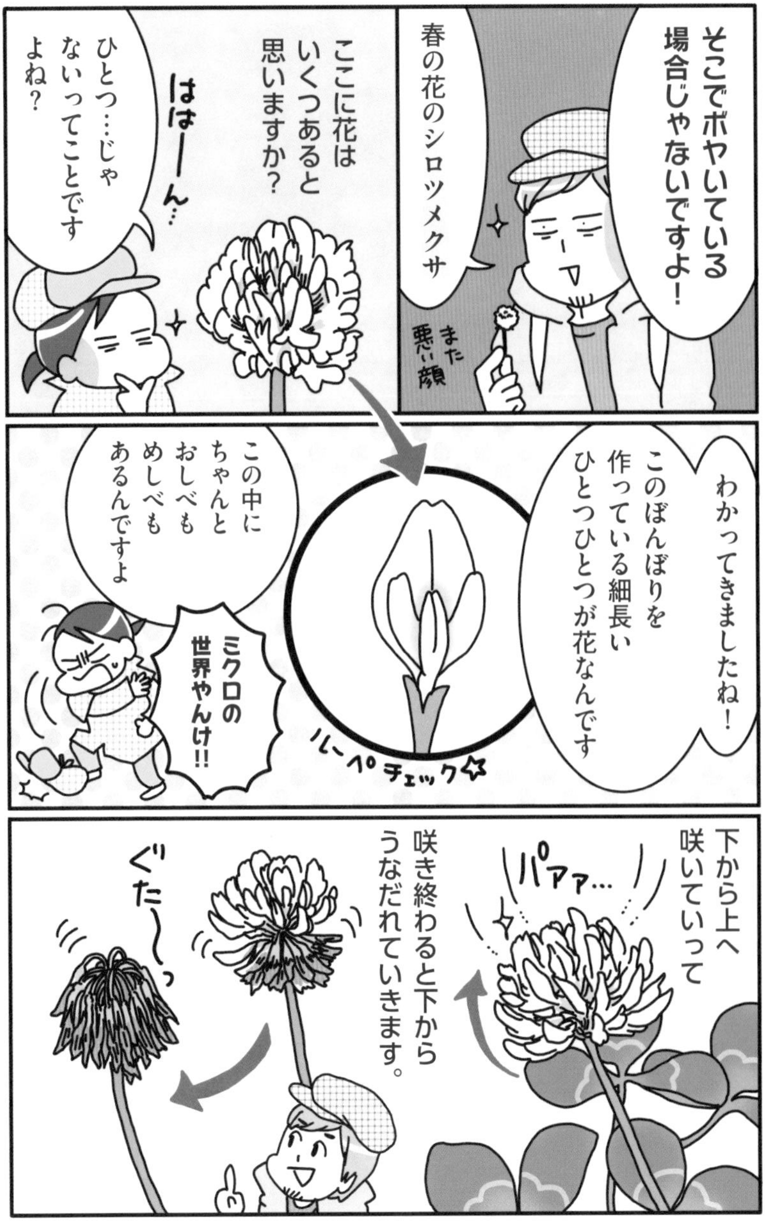
そこでボヤいている場合じゃないですよ！
春の花のシロツメクサ
また悪い顔
ここに花はいくつあると思いますか？
ははーん…
ひとつ…じゃないってことですよね？
わかってきましたね！
このぼんぼりを作っている細長いひとつひとつが花なんです
この中にちゃんとおしべもめしべもあるんですよ
ミクロの世界やんけ!!
ルーペチェック☆
下から上へ咲いていって
パァァ…
咲き終わると下からうなだれていきます。
ぐた〜っ

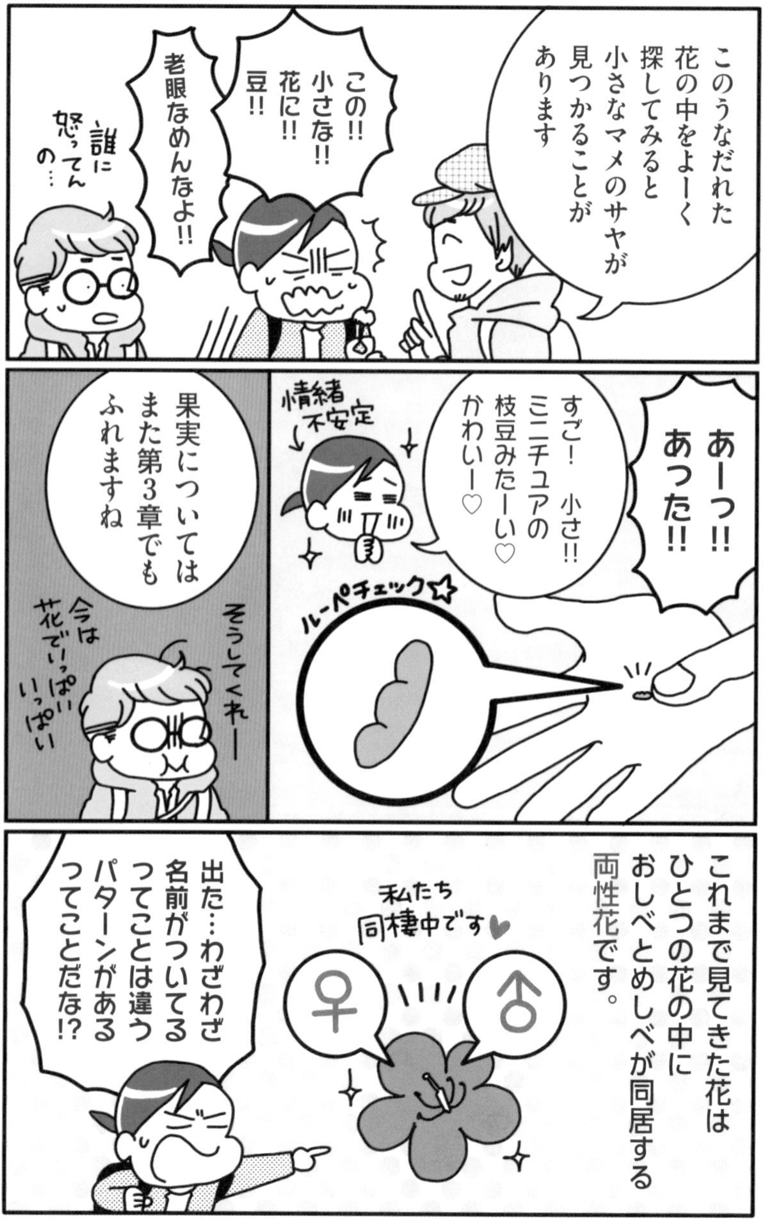

このうなだれた花の中をよーく探してみると小さなマメのサヤが見つかることがあります
この!! 小さな!! 花に!! 豆!!
老眼なめんなよ!!
誰に怒ってんの…
あーっ!! あった!!
すご！ 小さ!! ミニチュアの枝豆みたーい♡ かわいー♡
情緒不安定
ルーペチェック☆
果実についてはまた第3章でもふれますね
そうしてくれー
今は花でいっぱいいっぱい
これまで見てきた花はひとつの花の中におしべとめしべが同居する両性花です。
私たち同棲中です♥
♀
♂
出た…わざわざ名前がついてるってことは違うパターンがあるってことだな!?

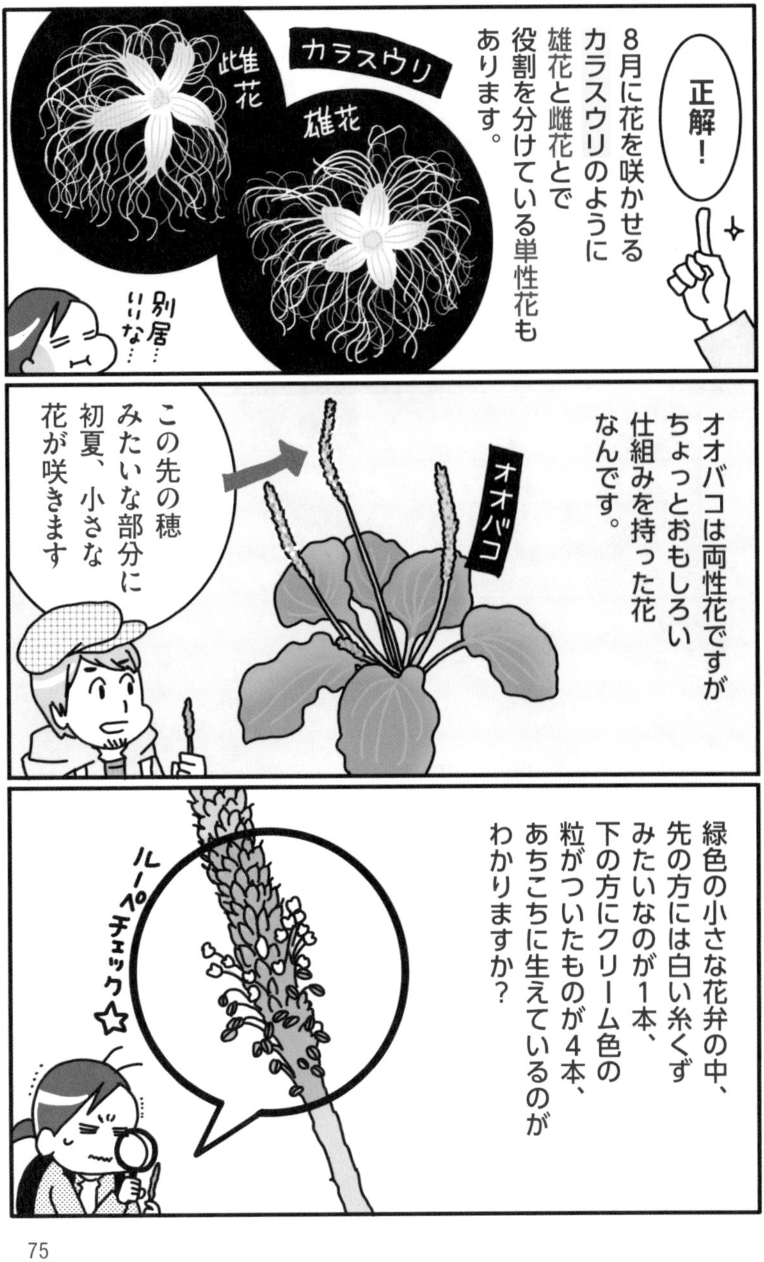
正解！
8月に花を咲かせるカラスウリのように雄花と雌花とで役割を分けている単性花もあります。
カラスウリ
雌花
雄花
別居…いいな…
オオバコは両性花ですがちょっとおもしろい仕組みを持った花なんです。
オオバコ
この先の穂みたいな部分に初夏、小さな花が咲きます
緑色の小さな花弁の中、先の方には白い糸くずみたいなのが1本、下の方にクリーム色の粒がついたものが4本、あちこちに生えているのがわかりますか？
ルーペチェック☆

オオバコは雌《し》雄《ゆう》異《い》熟《じゅく》といってめしべとおしべを時間差で出すんですよ。
先にめしべが出て…
追いかけるようにおしべが出る
え？なんのために？
自分の花粉で受粉してしまうと遺伝的多様性を保てなくなるので、時間差でめしべとおしべを出すことで、別の花の花粉を受粉しようとしているのです。
できれば違う花の花粉が欲しい!!
めしべさん
なぜなら他の遺伝子を混ぜたいの！
おしべくん
あっもう出てる！俺は別の花へ花粉をとばすぜ…
へーっそうなのか…
花は全て自分の花粉を受粉したいのかと思ってた…
いろんな環境を乗り越えるためにも多様な遺伝子を持っていた方が有利だもんね…

小さな体でいろいろ考えているのに…子どもの頃ぶちぶち抜いてオオバコずもうなんてしてごめんよ!!
切れたら負け!
遊べばいいんですよ
すもう遊びができるほどオオバコの繊維が強いのは…
雨のあと、人や動物の足に種子をくっつけてあちこち移動して増えるので、踏まれる前提で生きてるからなんですよ。
種子は雨(水)にぬれるとベタベタする
進化ってすごいな…
それぞれが工夫してるんだね…
ボヤいてごめん…たぶんまたボヤくと思うけど…
今回も盛り沢山でしたが一度に理解しようとは思わず花を眺めて…
花弁は何枚かな
あれ?めしべはあるのにおしべがないぞ…?
おしべやめしべはどんな形?
みたいなことに気づくだけでも花の分類がぐっと見えてきますよ
ぼくも普段はそこまで細かく見ないですけどねー慣れると、なんとなく印象でわかるようになってくるもんなんです
なるほど…

オッタチカタバミ

科目: カタバミ科カタバミ属
背丈: 10 － 50cm
見られる所: 道端、空き地、庭

MEMO

ロケット形の果実が熟すと、種子を包む白い袋がはじけ、種子が飛ぶ。

地面をはうカタバミに比べ、葉や花をつける茎が太く、立ち上がることからこの名がついた。黄色い花が咲き、地中深くまで先を長くのばす太い主根と細い側根を持つ。

ハート形の葉にはシュウ酸という成分が含まれており、葉をもんで 10円玉にこすりつけると、ピカピカに光るようになる。

ナガミヒナゲシ

科目: ケシ科ケシ属
背丈: 15－ 60cm
見られる所: 空き地、道端

MEMO

1961年に東京で確認され、瞬く間にひろがり、生態系への悪影響が懸念される。花弁は4枚、めしべは1本。おしべの数は個体により異なる。がくは2枚だが、開花とともに落ちる。

冬はロゼットで過ごし、春に茎を伸ばし、オレンジ色の花を咲かせる。

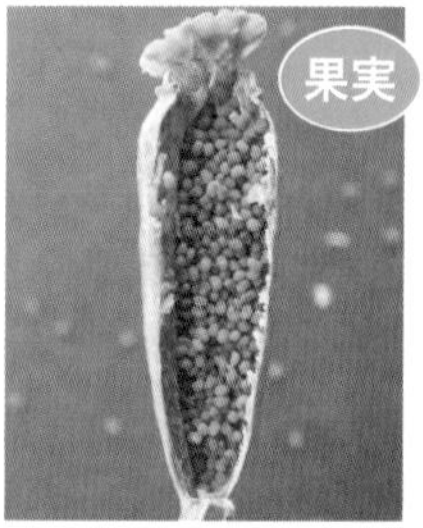

細長い果実のなかには、2,000個近い種子が入っており、熟すと、上部に窓があき、そこから種子がポロポロ出てくる。

ホタルブクロ

名の由来は、花の中にホタルをいれて灯したからともいわれる。

科目: キキョウ科ホタルブクロ属

背丈: 30 － 60cm

見られる所: 庭、植え込み

花びらの先が5つに分かれてはいるが、根元はつながっている合弁花。花は釣り鐘形で下向きに咲き、花色は赤紫色や白。根元につく葉はハート形。種子のほかに、地下茎でも繁殖する。

MEMO

ゼニアオイ

科目: アオイ科ゼニアオイ属

背丈: 60 － 90cm

見られる所: 道端、空き地

観賞用として輸入されたが、丈夫で寒さに強く、繁殖力が強いため、空き地や道端でも見かけるようになった。葉は浅く5−7裂するが円形に近い。赤紫の花を咲かせる。

オクラと同じ科で、花びらや葉をちぎると粘り気を出す粘液質。

おしべが合着して、筒状になり、その真ん中をめしべが通る。

MEMO

シロツメクサ

科目：マメ科シャジクソウ属

背丈：5－15cm

見られる所：道端、空き地、公園

オランダからの荷の緩衝材に使われたので「詰め草」の名に。

地面をはって伸びる茎から、葉や花、根を出し、横へと広がっていく。蝶形花の白い小花が集まって咲く。ハート形のカタバミと間違われるが、四つ葉のクローバーはこちらの葉。

MEMO

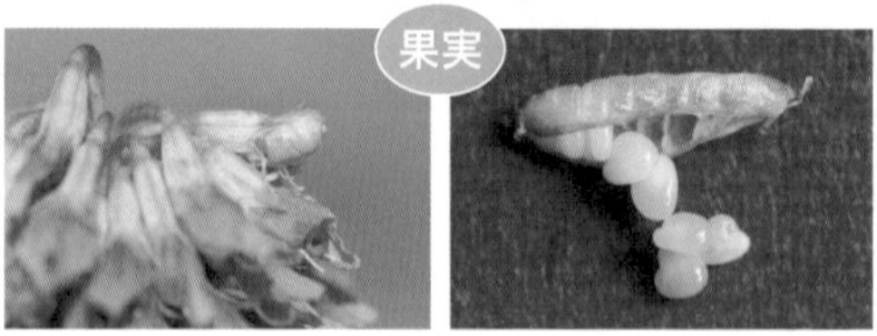

花弁が茶色くなって垂れ下がった花をよーく探すと、1－2個、5mmくらいの緑色の豆のさやが見つかる。中の種子は緩いハート形をしている。

茎を横に延ばし、その茎から不定根という根っこを出し、地面に入り込む。茎が途中で切れ、切り離されても、新しい株として生きていくことができる。

地面に落ちた種子からも芽が出て、成長するので、繁殖力が強い。

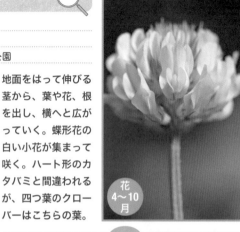

カラスウリ

科目：ウリ科カラスウリ属
背丈：つる性
見られる所：道端、空き地

夏の日没頃、30分くらいかけて白い花を開き、朝にはしぼむ。花弁は細かいレース状で虫を誘う。雄花と雌花の単性花。雌花には、花の根元に果実になる丸い膨らみがある。

はじめは、白い縦縞が入った緑色だが、秋には鮮やかなオレンジ色になる。ぬるぬるした果肉の中にある黒い種子はカマキリの顔の形をしていて、乾燥させると金色になる。

ざらざらした葉を持ち、巻きひげを出し、ほかの植物に絡みつく。

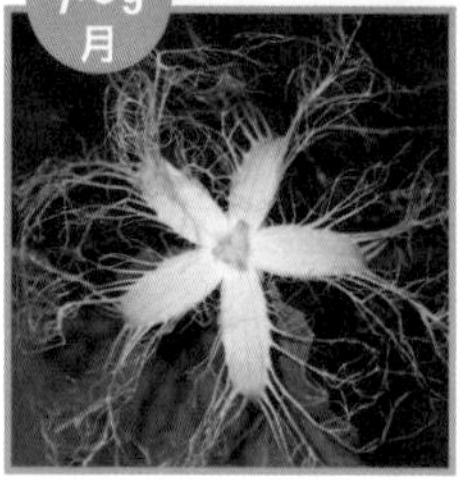

MEMO

オオバコ

踏みつけに強く、踏みつけられない場所では、他の草に負けやすい。

科目：オオバコ科オオバコ属
背丈：10－50cm
見られる所：道端、公園、空き地

踏み固められた地面などにも根を張り、しっかりした葉をロゼット状に広げる。花の時期に茎を伸ばし、風によって受粉する。種子は濡れるとべたつき、動物の足について移動する。

葉の中には水や栄養が通る維《い》管《かん》束《そく》がある。葉をちぎって、維管束を取り出して遊ぶ。

MEMO

先に、めしべが柱頭を伸ばし、追っかけるようにおしべが伸び、めしべが先に枯れる。

JunJunの観察コラム

⑦ ドクダミの苞葉《ほうよう》

花には、その中心から、めしべ、おしべ、花弁、がくがあることを観察しました。これが基本ですが、植物には例外がたくさんあります。たとえばドクダミ。じつはこれ、なかなかややこしい花です。

まず花の中心の黄色い塔のような部分を拡大すると、先端が3つに分かれた白いめしべと、黄色いおしべが多く見つかります。ここで疑問が湧きます。めしべは基本的にひとつの花にひとつだけのはず。でもこの塔状の部分にはめしべが何個もあります。となると、これからわかるのは、じつはドクダミは小さい花の集合体であるということです。

ではその花の集合体のまわりにつく白いものはなんでしょうか。花びらに見えますがちがいます。なぜなら、花びらは、花ひとつにつくもので、花の集合体につくものではないからです。この正体は「苞葉」とよばれるもの。花弁ではなく葉が花弁状に変化したものなのです。あぁ、なんとややこしくおもしろい植物の世界でしょうか！（ちなみに、ドクダミの花弁とがくは退化して無くなっています。さらにややこしい…）

①ドクダミの小さな花
②苞葉

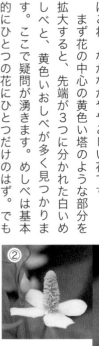

❽ 雄株《おかぶ》と雌株《めかぶ》

めしべだけを持つ花は「雌花《めばな》」で、おしべだけを持つ花は「雄花《おばな》」と呼びます。雌雄どちらかしかない「単性花」を観察していると、あることに気付くかもしれません。そう、植物によっては、ひとつの株のなかで雌花か雄花の片方しか咲かないものがあるのです。

雌花しか咲かない株は「雌株」、雄花しか咲かない株は「雄株」と呼びます。雌と雄が株ごとで異なるので、これらは「雌雄異株《しゆういしゅ》」と呼ばれます。身近な例ではイチョウが該当します。イチョウには銀杏《ぎんなん》がなる木とならない木がありますよね。銀杏がなる木はすべて雌株です。また、秋に良い香りの花を咲かせるキンモクセイも雌雄異株です。イチョウとおなじように実がなる方が雌株のはずですが、どれだけ探してもキンモクセイの実は見つかりません。なぜなら、キンモクセイは中国が原産で、日本には雄株だけがやってきたといわれているからです。どれだけ良い香りをさせても花粉を受け取って実をつける雌株が日本にはそもそもないのです。それを思うと、キンモクセイの良い香りが、すこし切ない香りに感じてきます。

ちなみに、雌雄異株にたいして、ひとつの株のなかに「雌花」と「雄花」の両方が咲くものは「雌雄同株《しゆうどうしゅ》」といいます。実を収穫したい場合、1本だけ植えていつまでも実がならない！なんてことにならいないよう、その植物が、雌雄異株か、同株かしっかり確認しましょう。

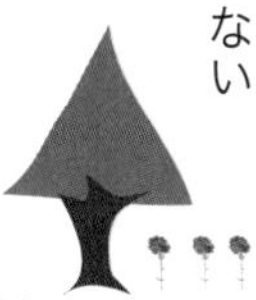

草② 花の形でグループ分け

一般向けの図鑑だと花の咲く季節や花の色ごとに分けられているものが多いんですが…
植物図鑑
夏
春
秋
冬
専門的な図鑑だと「○○科」で分類されています。
キク科
マメ科
植物図鑑
ナス科
専門的な図鑑だと莫大《ばくだい》なページの中から植物の名前を探さないといけませんが
○○科がわかれば検索もぐっと簡単に!
よっ
専門的!
そこで今回は「この植物は何科なのか?」がわかるようにレッスンをしまーす!!
とはいえ○○科という分類は種子植物だけでも400以上あるので全て覚えるのは大変!
種子植物とは種子で増える植物のことね
400…
帰っていいですか
そういや鍋を火にかけっぱなしにしてきたような…

大丈夫！
帰るなかれ
ガッ
ひるおびの録画もしてなかったような…
とりあえず見た目でわかりやすい特徴がある科と、そうじゃない科があるので、特にわかりやすいものから見ていきましょう！
大丈夫かよ〜
一番わかりやすいのは〝花冠《かかん》〟の形！
がくより内側にある花弁をまとめて花冠といいます
花冠
花冠《はなかんむり》ではないですよ
たとえばみなさんおなじみの…ヒマワリ！
さていつもの問題でーすこれはいくつの花でしょう

そう聞くってことは答えは「いっぱい」！
お察しの通りソフィア・ローレンです
正解！
キク科は小花《しょうか》といわれる小さな花がたくさん集まって大輪になっているんですね
ヒマワリってキク科なんだ！
しかもヒマワリにはこのひとつに見える花の中に2種類の花を咲かせているんですよ！
ひー
どれとどれやねん!!
花を分解してみましょう
まず、この黄色く長細いものが舌状《ぜつじょう》花冠《かかん》
花弁が短くて筒になっているものが筒状《とうじょう》花冠《かかん》
ヒマワリ
これひとつひとつが花なんです

どちらも花弁が合着している合弁花です
ええ!?
合弁花!?
どこがどう合着してるんスか!?
舌状花には花弁が合着した筋が見られます
これくっついた跡ってこと!?
わかりにくいな!!
一体何を試されてるねん!!
同じキク科のセイヨウタンポポの舌状花には端にギザギザがあるので、もう少しわかりやすいかもしれません。
いや「なるほど合弁花ね！」ってならんて…
ちなみに舌状花のおしべやめしべは退化して、ないこともあるんですが筒状花にはめしべもおしべもあります。
めしべ
おしべ

他にも特徴的な合弁花冠を覚えましょう！初夏を告げるコヒルガオはヒルガオ科で、くっついた花弁がろうとの形に似ているのでろうと形花冠。
コヒルガオ
ろうと
なるほど覚えやすい
キキョウ科のキキョウの花は同じようにくっついていますが、花弁が鐘《かね》の形をしている鐘形花冠《しょうけいかかん》。
ゴーン
キキョウ
V字がろうと、U字が鐘って感じですね
そしてこのワルナスビはナス科
ナス科のジャガイモトマトナスは畑で見ますが
ワルナスビは6月頃の道端によく咲いています
ワルナスビ
ジャガイモやトマトってナス科なんだ…
そーいえば道で見たことある…

ワルナスビの花を横から見ると平べったいですよね。放射状に広がっているこの花の形が車輪に似ていることから車形《くるまがた》花冠《かかん》といいます。ナスの仲間の花の特徴のひとつです。
横
ぺら〜
花弁が根元でくっついているので合弁花ですね
ちなみにワルナスビは繁殖力が強く、しかも茎や葉の裏にトゲがあって簡単に抜いて駆除できない、なかなか悪いヤツなんですよ！
俺にさわるとケガするぜ…
だからワルナスビなんだ…
悪いやっちゃなー
この黄色のぷっくりした部分は何ですか？
葯ですね おしべの先の花粉が入った袋になります
よく見る葯はこんな感じ
ナス科の中でもナス属、ナスの仲間に見られる特徴的な形です
白とのコントラストがかわいい…
よくみると先に小さな穴が2つあいていて…

虫がとまったときに羽根などの細かい振動で穴から花粉が出るしくみになっています。
ブブブブブブッ
ブタの鼻みたいに2つあいてるー
次は離弁花も見ていきましょう
きゃっ
きゃっ
離弁花冠で花冠の形が特徴的なのがマメ科の植物！
マメ科のカラスノエンドウは花冠が蝶のような形の蝶形《ちょうけい》花《か》冠《かん》が特徴です。
カラスノエンドウ
この形…前にもどこかで…
ダメだ！頭が割れそうだっ
前回見たシロツメクサじゃないですか？

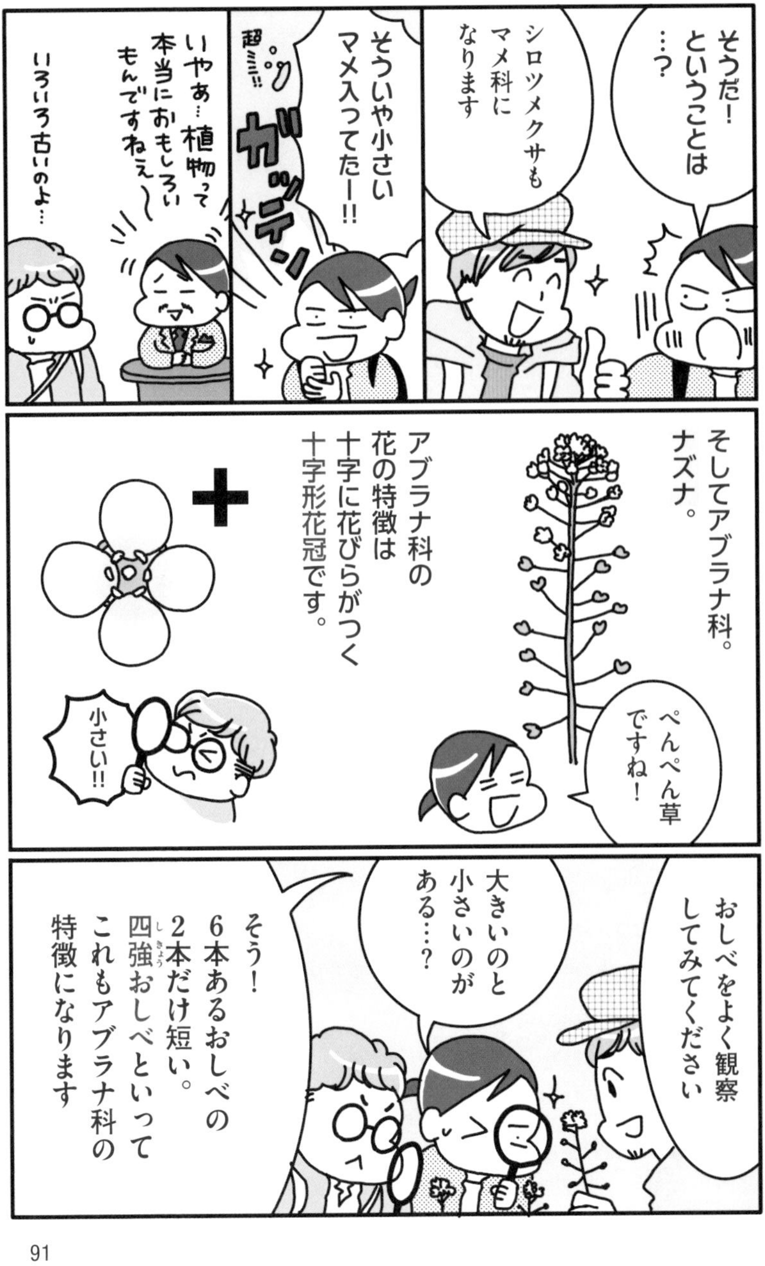
そうだ！
ということは
…？
シロツメクサも
マメ科に
なります
そういや小さい
マメ入ってたー!!
超ミミ!!
ガッテン
いやあ…植物って
本当におもしろい
もんですねえ〜
いろいろ古いのよ…
そしてアブラナ科。
ナズナ。
ぺんぺん草
ですね！
アブラナ科の
花の特徴は
十字に花びらがつく
十字形花冠です。
小さい!!
おしべをよく観察
してみてください
大きいのと
小さいのが
ある…？
そう！
6本あるおしべの
2本だけ短い。
四《し》強《きょう》おしべといって
これもアブラナ科の
特徴になります

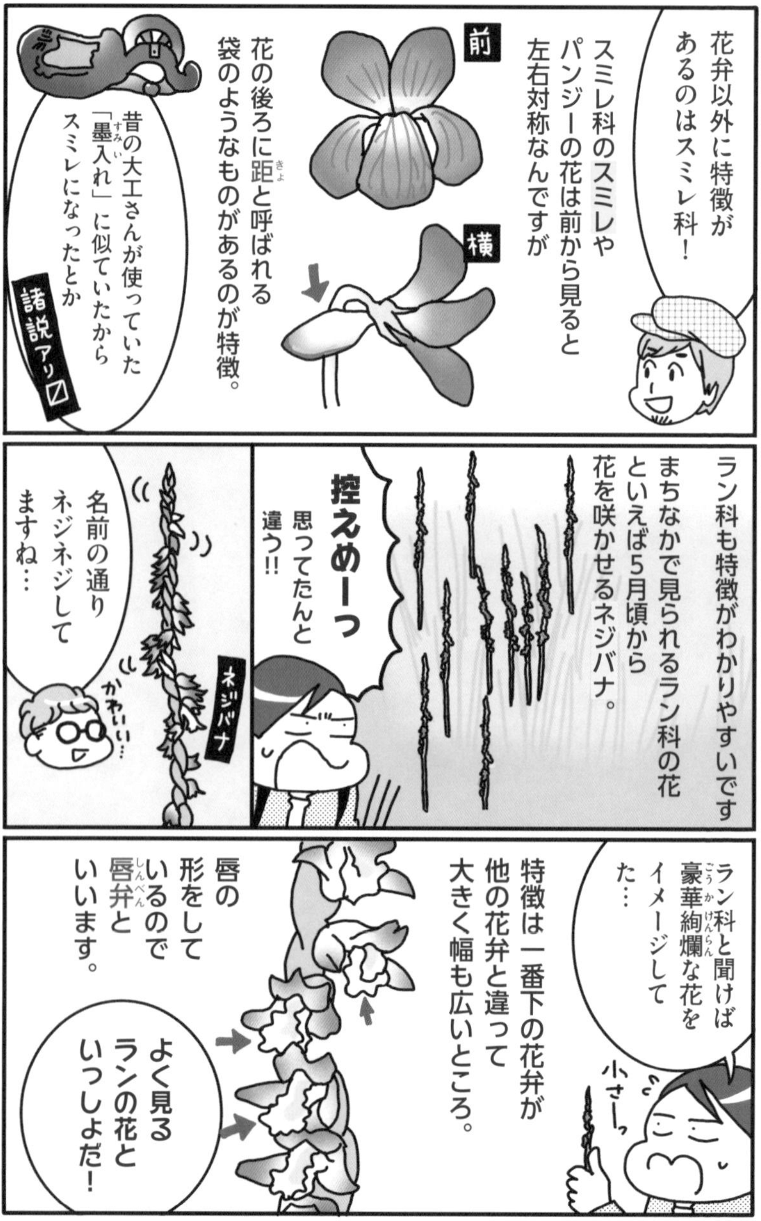

花弁以外に特徴があるのはスミレ科！
スミレ科のスミレやパンジーの花は前から見ると左右対称なんですが
前
横
花の後ろに距《きょ》と呼ばれる袋のようなものがあるのが特徴。
昔の大工さんが使っていた「墨入《すみい》れ」に似ていたからスミレになったとか
諸説アリ
ラン科も特徴がわかりやすいです
まちなかで見られるラン科の花といえば5月頃から花を咲かせるネジバナ。
控えめーっ
思ってたんと違う!!
ネジバナ
名前の通りネジネジしてますね…
かわいい…
ラン科と聞けば豪華絢爛《ごうかけんらん》な花をイメージしてた…
特徴は一番下の花弁が他の花弁と違って大きく幅も広いところ。
小さーっ
唇の形をしているので唇弁《しんべん》といいます。
よく見るランの花といっしょだ！

この唇弁がヒダ状になったり、袋状になったり特殊化するのがラン科の特徴です。
唇弁
こんな形や
こんなのまで!
こんな形
おもしろーい
なんでココだけ…
さらにネジバナの花に細い棒をつっこんでみると、黄色い小さな塊が出てきます。
これが花粉塊《かふんかい》これもラン科の特徴です
このネジバナも離弁花なんですか?
ギクッ
あ…そこ聞いちゃいます?
離弁花…といってもいいんですが…
合弁花・離弁花は、昔の分類における双子葉植物《そうしようしょくぶつ》の分け方で、ラン科は単子葉植物《たんしようしょくぶつ》になるんで…
旧分類では…
植物
種子植物
被子植物
双子葉類
離弁花類
合弁花類
単子葉類
裸子植物
ラン科はココ
胞子でふえる植物
シダ植物
コケ植物
……この図、見なかったことにしていいですか…
せっかく植物をスキになりかけてるんです…ややこしいのイヤなんです…
そうですね
しかも、今は、双子葉類と単子葉類の分け方まで変わってしまったので
花弁くっついてるな、離れてるな、くらいのざっくりした捉え方でいいと思いますよ☆
Take it easy!!
イェー!

ヒマワリ

筒状花が果実になり、油をしぼったり、食用にしたりする。

科目：キク科ヒマワリ属

背丈：100－200㎝

見られる所：庭、公園

たくさんの筒状花のまわりに舌状花が並び、大きなひとつの花のように見えている。花は外側から内側に向かって順に咲いていく。葉はハート形で、まっすぐの茎には毛が生えている。

MEMO

舌状花

舌のような形をした花。かざりのため、おしべもめしべも退化している。花弁がくっついた合弁花。

筒状花

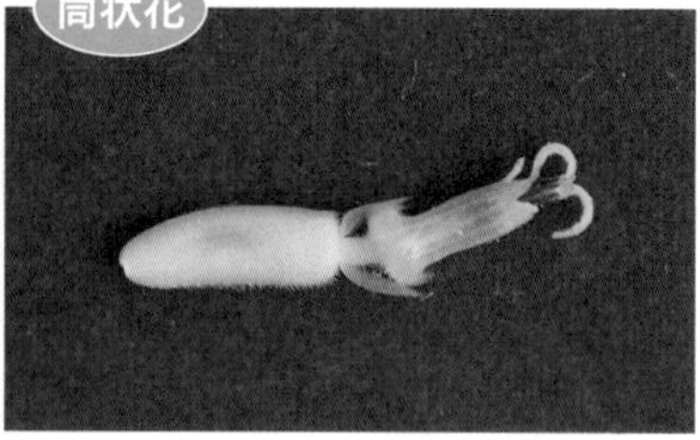

花弁が筒状になった合弁花。つけ根の白い部分が果実になる子房。先端の茶色い部分がおしべで、反り返っているのがめしべ。

コヒルガオ

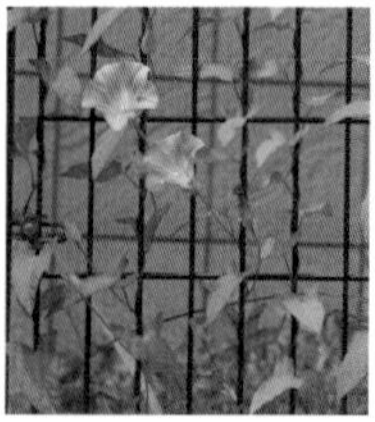

ほとんど果実はならないが、地下茎を伸ばして増えるので繁殖力は強い。

科目：ヒルガオ科ヒルガオ属

背丈：つる性

見られる所：道端、植え込み

朝咲き昼前にはしぼむアサガオと違い、ろうと形のピンク色の花が、昼の間もずっと咲いているのでこの名になった。体全体でフェンスやほかの植物に巻きついて成長する。

MEMO

キキョウ

両性花だが、先におしべが熟し、その後めしべが開く雌雄異熟。

科目：キキョウ科キキョウ属

背丈：50－100㎝

見られる所：草原、庭、公園

花色は青、白、ピンク。花弁の根元はつながるが、先が5つに分かれて星形に開く釣り鐘形の合弁花。秋の七草のひとつ。万葉集にも登場する野生のものは絶滅危惧Ⅱ類に指定されている。

MEMO

ワルナスビ

すいかのような縞模様のある緑の果実が熟すと黄色くなる。

科目：ナス科ナス属

背丈：40－70㎝

見られる所：道端、空き地

ジャガイモの花に似た花は、先が5つに分かれ、根元はつながる合弁花で、平べったい。種子のほかに地中の茎を伸ばしても増えるので、抜いても抜いても生えてくる厄介者。

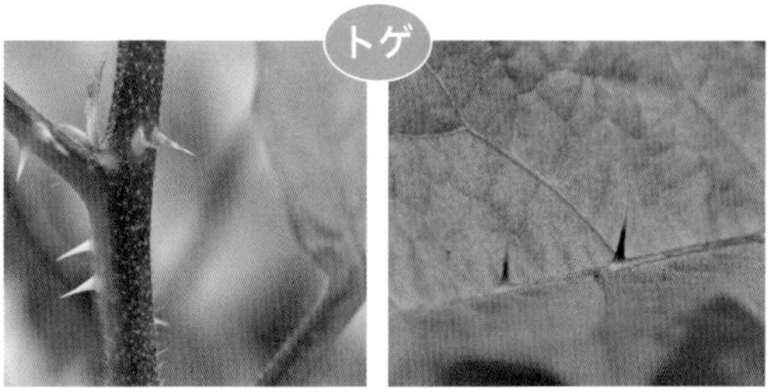

葉の裏側や茎など全体に、鋭く丈夫なトゲがある。

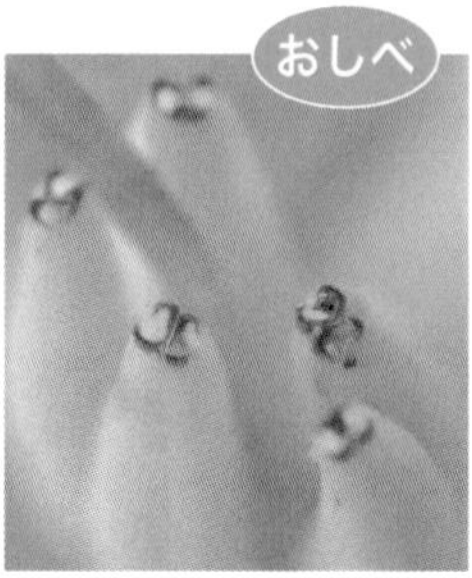

花の真ん中にある黄色いおしべ。先端の穴から、花粉を飛ばす。

MEMO

カラスノエンドウ

葉先から巻きひげを出し、自分や周囲の植物に絡ませて立ち上がる。

科目：マメ科ソラマメ属

背丈：50－90cm

見られる所：道端、野原、公園

葉のつけ根に赤紫色の小さな蝶形花を1−2つ、つける。エンドウマメに似た細長い果実が黒く熟し、乾くと風などの刺激で一瞬で裂け、種子を勢いよくはじき飛ばす。

MEMO

ナズナ

地面に葉をロゼット状に広げ冬を越し、春に中心から茎を伸ばす。

科目：アブラナ科ナズナ属

背丈：20－40cm

見られる所：道端、空き地、野原

春の七草のひとつ。果実が三味線のばちに似ていることから三味線の音色をとって「ペンペングサ」とも呼ばれる。白い四枚の花弁を持つ十字の花を咲かせる。

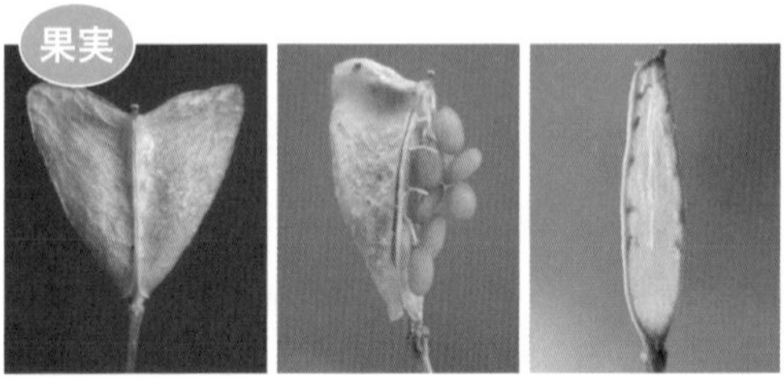

ひとつずつ下に切れぬよう引き下げ、茎を振るとシャラシャラ音がする。中は、隔膜《かくまく》で2つに分かれている。

アブラナ科の特徴。4本の長いおしべと2本の短いおしべが並ぶ。

MEMO

スミレ

科目：スミレ科スミレ属

背丈：7 − 15㎝

見られる所：道端、野原

MEMO

花の後ろ側に蜜をためた距があり、ラッパのような形の花が茎からつり下がるようにつく。ハチやアブのなかまなどの虫たちが長い口を伸ばし、蜜を吸い、花粉を運ぶ。

茎のあるなしや葉、距、柱頭の形により、種を見分ける。

春に咲く「開放花」のほかに、秋に開かない花「閉鎖花」をつけて果実を結ぶ。

ネジバナ

科目：ラン科ネジバナ属

背丈：10 − 15㎝

見られる所：空き地、公園

花が巻く方向は決まっておらず、右巻きも左巻きのものもある。

うすピンク色の小さな花が軸にぐるりとらせん状に咲く。6枚の花弁がついているように見えるが、外側の3枚は変化したがく。ラン科の特徴である唇弁がついている。

花の奥におしべがあり、先端に粘りけのある花粉の塊がついている。

MEMO

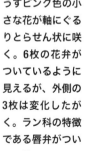

JunJunの観察コラム

9 マメ科について

花を正面から見て、蝶々みたいな形（蝶形花）ならマメ科だと観察会では言っています。でも、一点注意が必要なので、補足しておきます。

「蝶形花ならマメ科」と判断するのはＯＫですが、「マメ科なら蝶形花」かというと、そうではないのです。というのも、マメ科は花の特徴からさらにマメ亜科《あか》、ジャケツイバラ亜科、ネムノキ亜科の３つの亜科（科をさらに細かく分けるときに使われるグループ）に分けることができ、蝶形花が咲くのはマメ亜科だけなのです。

ジャケツイバラ亜科（野山で見られるつる植物のジャケツイバラや、植栽として植えられるセンナの仲間など）なら、同じ形の5枚の花弁が放射状につく花の姿で、ネムノキ亜科（ネムノキやミモザの仲間など）は、花弁がほぼ見えないほど小さく、かわりに長いおしべがたくさん出て、それが目立つようにできています。

難しい！と思った方に朗報です。マメ科の一番の特徴は「豆果《とうか》」という果実。いわゆるマメのさや。この果実をつけることは「ほとんどのマメ科」に共通する特徴なので、迷ったら果実の時期まで待ちましょう！

①ジャケツイバラと
②ネムノキの花

⑩ シソ科について

植物のグループ分けは、花の形から判断することが基本ですが、なかには花以外の場所にも特徴が出るものがあります。たとえば、シソ科の「茎」がわかりやすい例としてよくあげられます。

身近な環境のシソ科だと、ホトケノザやヒメオドリコソウ、園芸植物だとセージやサルビアなどがあります。それらの茎を指で触ってみてください。するとおそらくなにか角張った感触があると思います。続いて茎を切って、その断面を見ればその感触の意味がわかります。茎の断面が四角形をしているのです。ほとんどのシソ科の植物は茎が四角形なので、これも植物のグループを知るためのヒントとなります。

ほかにも、「ナデシコ科は茎の節が膨れることが多い」とか、「アカネ科は托葉を持つ」、「イネ科の葉っぱは細長くて、そのつけ根が茎のまわりを取り囲んでいる」といったように、様々な場所にグループ分けのヒントが隠されています。少しずつ覚えていってください。

ヒメオドリコソウの③花と④茎断面　ホトケノザの①花と②茎断面

草③ つる植物

最初に木を たくさん 見てきましたが まちの植物で一番 野性味があるのは 草だと思うん ですよね
たしかに アスファルトを つき破って草が 生えてること ありますもんね～
まちのなかでは車や人に 踏まれるので、 とにかく早く花を咲かせて 次の種子を作り続ける植物、 つまり草が生き残り やすいんです
キャ
木だと 大きくなるまで 時間がかかるので まちなかでは 生き残りにくいん ですよね
草、 たくましいな
草や木は それぞれに得意な環境が あるわけです
ちょっと 長くなりますが 『荒れ地からはじまる 植物物語』説明させて くださーい
はじまり はじまり～♫
紙芝居…？
植物物語

まちのなかの環境を強引に自然環境に当てはめると、土砂崩れや洪水のあとの崩壊地に似ている気がします。
まさに東京砂漠!!
そう、荒れ地です
♪あなたがいれーばー♫
日本は温暖湿潤な環境なので、本来自然に任せておけば、森林ができるんです。
SFマンガで見たことある光景ね…
ラピュタ城も森ができてたよね…
何も生えてない土地には、まず根をおろす場所がなくても生きていくことができるコケ類や地衣類《ちいるい》が生えてきます。
地衣類とは菌類のうち藻類《そうるい》と共生して助け合って生きているものです

それらが定着すると少しだけ植物が生える土壌ができます。
コケ類が有機物になって栄養になるんですね
コケ
そこに一年草が生える。一年草は一年で枯れるので、またそれが土壌の栄養になります。
そしてまた少し豊かになった土壌で今度は2年以上生きる多年草が生えはじめる。
一年草
コケ
このようにして植物自身で土地を改変していきます
さらに草が生えると影ができ、直射日光が遮られ、水分も保持しやすくなるので…
ここでいよいよ木が登場!!
チャーン
チャーン
この続きはきなこ棒を買ってね
あい
それでそれで?
10
10

はじめは明るいところで育つ陽樹《ようじゅ》が出てくる。
まちなかで見るものだとアカメガシワなどですね
やったやった!
植物のパイオニア!!
詳しくは58ページ参照

そう、そして木が成長し葉が落ちると、また土壌が豊かになります。
木の成長によって木陰ができるので今度はスダジイやシラカシなどの陰樹《いんじゅ》という暗いところでも育つ木が生えてくる。

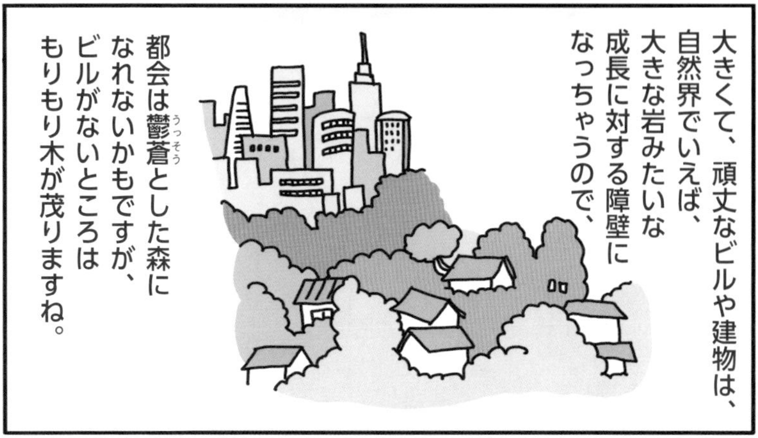
大きくて、頑丈なビルや建物は、自然界でいえば、大きな岩みたいな成長に対する障壁になっちゃうので、
都会は鬱蒼《うっそう》とした森になれないかもですが、ビルがないところはもりもり木が茂りますね。

以上が何百年、何千年かけた植物のサイクルになります
チャンチャンと!
そ…壮大やな…
さて、ここで今回見ていくのが…
森の環境に欠かせないつる植物です!!
これがまたおもしろい植物なんですよーっ
バーーン!
草や木は基本的に自立して成長しますがつる植物は何かによりかからないと成長していけないんです!
だ…誰かアタイを支えてっお願いーっ!!
人間だったらちょっと関わりたくない…。

なので他の木や草が成長した頃を見計らって、一気に成長します。
今だ!!よりかかり放題じゃないのーっ
なんかきたっ
よりかかる木や草のないまちではフェンスや電柱に絡まったり迷惑な面もありますが…
森や林の中ではちゃんと役に立っているんですよ☆
まぁ…支えてあげてる分、恩返しはしてほしいよねぇ…
いや〜Kさんいつもありがとね!
森林の外側をつる植物が覆うことによって、湿度が保たれたり、風よけになったりと森林内の環境を安定させる役割をするんです。
ガード!!
木
つる
カーテンみたいですね…
まさに!森のカーテンです!

さらにつる植物は巻きつき方もいろいろあって、これがまた面白いっ
とりあえず代表的な巻きつきパターンを4つ、教えちゃいますっ
お…お――――
まずは巻きつき型!!
アサガオやヘクソカズラなど自分の身をよじって何かに巻きついていきます。
本体
余談ですがヘクソカズラは「ヘ」や「クソ」の臭いがするのでこう呼ばれています
かわいそうだな!オイ!
似ているけど少し違う巻きひげ型!!
ヤブカラシやスズメノエンドウなどつる自体ではなく
つるから出る巻きひげが対象物に絡まります。
えい!!

巻きひげが、どこから出ているのかも植物によって違うので そこも観察してみてください。
ヤブカラシ
つるの途中から
スズメノエンドウ
複葉の先から
続いてよじのぼり型!!
巻きひげの先端が吸盤状になっていて壁などにはりつきます。
ビタ
ビタ
ビタ
スパイダーマンみたい
ナツヅタなど。
よじのぼり型にはノウゼンカズラやキヅタのように根がはりつくもの（付着根）もあります。
ビシー
巻きひげの先が吸盤タイプと根っこがはりつくタイプがあるんですね

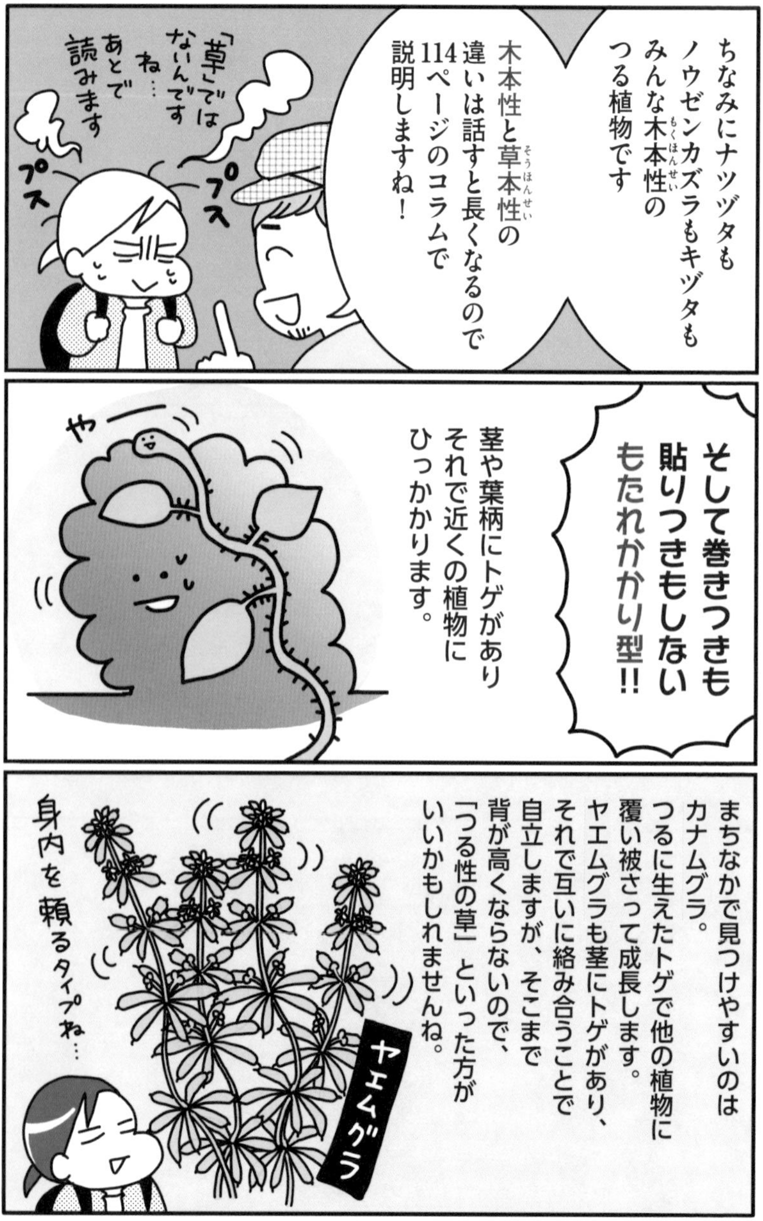
ちなみにナツヅタも
ノウゼンカズラもキヅタも
みんな木本性《もくほんせい》の
つる植物です
木本性と草本性《そうほんせい》の
違いは話すと長くなるので
114ページのコラムで
説明しますね！
プス
プス
「草」ではないんですね…
あとで読みます
そして巻きつきも
貼りつきもしない
もたれかかり型!!
茎や葉柄にトゲがあり
それで近くの植物に
ひっかかります。
やー
まちなかで見つけやすいのは
カナムグラ。
つるに生えたトゲで他の植物に
覆い被さって成長します。
ヤエムグラも茎にトゲがあり、
それで互いに絡み合うことで
自立しますが、そこまで
背が高くならないので、
「つる性の草」といった方が
いいかもしれませんね。
ヤエムグラ
身内を頼るタイプね…

4大巻きつき方のほかにも葉柄がフェンスに巻きつくセンニンソウや
固いつるが伸びて絡む天然パーマみたいなワイヤープランツなんてのもあります。
つる植物は、巻きつくものが見えないのにどうして巻きつくんですか
?
つる植物は、なにかにぶつかると、その衝撃がトリガーになって、巻きつき行動を開始します
!
あったあった!
ぐる
ぐる
へーっよくできてるーっ
ヤブカラシの巻きひげに指でちょんと刺激をすると6分くらいでぐるりと巻きつくのでぜひ試してくださいね
じっ
通報されたら純さんのせいにしよう…
うちに何かご用…?

アサガオ

科目: ヒルガオ科サツマイモ属

背丈: つる性

見られる所: 道端、空き地、植え込みや公園

約1200年前に、中国から種子を薬にするために渡来。1−3mくらいのつるをフェンスやほかの植物に絡ませて伸びる。花色は、様々な色に品種改良され、ろうと形の花が咲く。

暗くなって10時間ほどしてから花が咲き出し、昼前にはしぼむ。

MEMO

ヘクソカズラ

科目: アカネ科ヘクソカズラ属

背丈: つる性

見られる所: やぶ、植え込み、フェンス沿い

茎や葉をもんだり、秋になるつややかな茶色い果実をつぶしたりすると「へ」や「クソ」の匂いがするためこの名がついた。全体でフェンスや、ほかの植物に絡まって伸びる。

全体が白く真ん中が赤紫の釣り鐘状の小さい花がたくさん咲く。

MEMO

ヤブカラシ

科目: ブドウ科ヤブカラシ属

背丈: つる性

見られる所: 道端、ファンス沿い、空き地

地下茎を広げつるを伸ばし、やぶをも枯らすほどの繁殖力を持つ。葉の脇から巻きひげを出し、周囲の植物などに巻きついて覆い被さる。花色はオレンジからピンクに変色する。

緑色の花弁4枚、おしべ4本、めしべ1本の花を咲かせる。

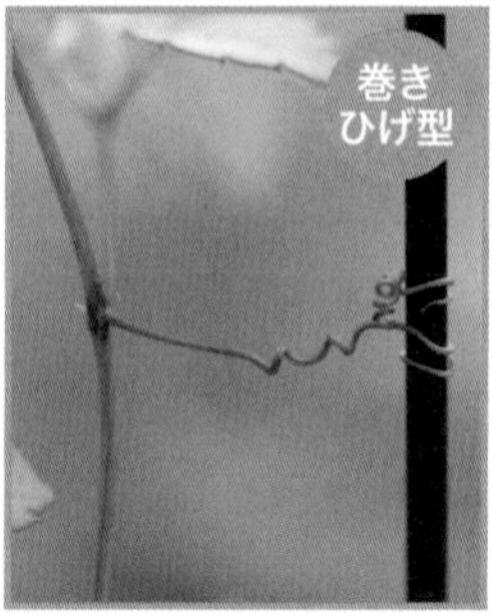

MEMO

スズメノエンドウ

ごく淡い紫色の蝶形花を咲かせる。豆が2個入ったサヤをつける。

科目：マメ科ソラマメ属

背丈：20－90㎝

見られる所：道端、草地、公園

カラスノエンドウ(90ページ)より花も果実も小さいため「スズメ」の名が当てられた。茎が細いので、葉先から巻きひげを伸ばして、自分や周囲の植物に絡ませながら群生する。

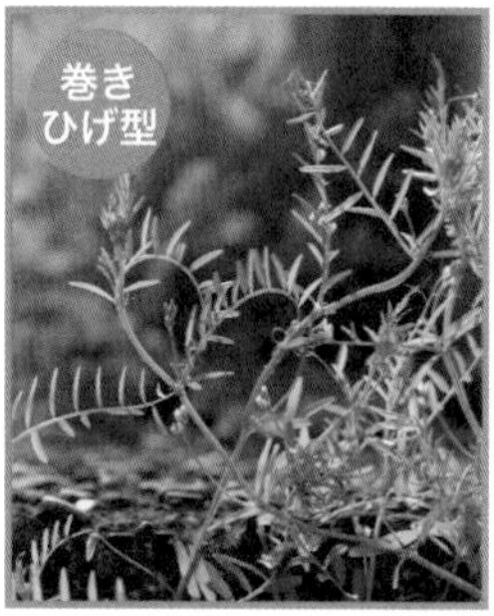

MEMO

ナツヅタ

秋に赤く紅葉し、落葉する。木化したつるから春に新芽を出す。

科目：ブドウ科ツタ属

背丈：つる性

見られる所：建物の壁面、植え込み

寒さ暑さなど環境に対する耐性が強く、繁殖力もあり、建物の壁などをあっという間に覆い尽くす木本性のつる植物。壁面や他の木などに吸盤になった巻きひげをくっつけ、伸びる。

MEMO

ノウゼンカズラ

葉は、羽状複葉で小葉には粗い鋸歯があり、秋に落葉する。

科目：ノウゼンカズラ科ノウゼンカズラ属

背丈：つる性

見られる所：庭、公園

付着根で木や壁などに貼りつき、成長する。幹は木化し太くなる。夏にオレンジ色の花を咲かせる。秋に細長い果実をつけ、乾燥すると、種子を飛ばすが、日本ではあまり結実しない。

MEMO

キヅタ

新しい枝の葉は先が分かれるが、古い枝の葉は先が尖り裂けない。

科目: ウコギ科キヅタ属

背丈: つる性

見られる所: 石垣、フェンス、建物の壁面

木本性のつる植物で、革のように硬い常緑の葉をつける。茎から、ひげのような付着根を出し、他の樹木や壁などをはう。茎は木化し、太いものでは直径が10cmになるものもある。

MEMO

カナムグラ

科目: アサ科カラハナソウ属

背丈: つる性

見られる所: 道端、フェンス、電柱

掌のような葉の表面にも荒い毛が生えていてざらざらする。

四角い茎に、下向きの小さなトゲが多数生えており、まわりのものや自分自身にがっちり絡まり合う。地面から抜こうとすると鋭いトゲで肌を傷つけることもある。とても成長が早い。

雄株と雌株がある雌雄異株。雄株は上向きに、雌株は下向きに花房をつける。花の形も異なる。

MEMO

ヤエムグラ

「ムグラ(やぶをつくる草)」という名前通り、生い茂り群生する。

科目: アカネ科ヤエムグラ属

背丈: 30 − 100cm

見られる所: 道端、林、やぶ

茎が柔らかく自立しないので、下向きのトゲを他の植物や自分たち同士に絡ませて成長する。果実は、いわゆる「ひっつき虫」。カギ状の毛で、ペタリとくっつく。

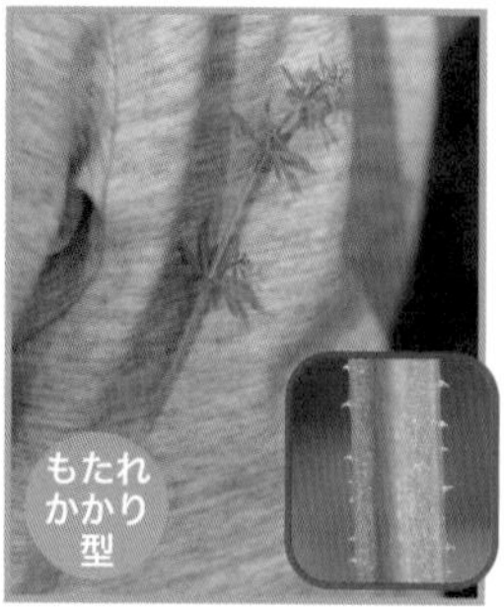

MEMO

センニンソウ

花は白い4枚のがくからなり、円錐状に集まる。良い香りがする。

科目: キンポウゲ科センニンソウ属

背丈: つる性

見られる所: 道端や林

タネに仙人のひげのような、銀白色の長い毛があり、この名がついた。葉は羽状複葉で、葉柄がうねりくねり、他の植物に絡みつく。草のようだが、ツルは木質化する木本性とされる。

MEMO

ワイヤープランツ

低木とされるが、その姿を見ると、つる性といいたくなる。

科目: タデ科ミューレンベッキア属

背丈: 10 − 50cm

見られる所: 庭、植え込み

針金のような細い茎が横にはうように伸びていき、もじゃもじゃと絡み合う。比較的暑さや寒さに強く、冬でもつやつやした丸い小さな葉を茂らせる常緑の低木。

MEMO

⑪ つる植物の「草本性《そうほんせい》」と「木本性《もくほんせい》」

つる植物の悩ましいところは、そのつるが草なのか木なのかわかりにくいところです。そのため、草の図鑑と木の図鑑のどちらを使うか悩むときがあります。そんなときには、つるを見ます。

そもそも「つる植物」の「つる」とはなにかというと、植物の器官としては「茎」に該当します。自立しない長い茎のことをまとめて「つる」と呼ぶのです。この、つるの様子で「草本性」か「木本性」かを見分けます。「草本性」は、つるが草の性質をもつものを指し、「木本性」は、つるが木の性質を持つもののことを指します。茎が「短命」で「細く」、「緑色のまま」なのが草で、「長命」で「太くなり」、「木質化（茶色くなる）」するのが木でした。これをそのまま、つるの様子にあてはめて判断していくのです。

たとえばアサガオなら、春に芽生え、冬には枯れるので、そのつる（茎）はずっと細く、緑色のまま。この特徴から、アサガオは「草本性つる植物」だと言えます。対して、ナツヅタは、冬に落葉しても枯れるわけではないので、つる（茎）が年々太くなっていきます。ですので、こちらは「木本性つる植物」となります。

すっきりと定義通りには収まらないのが、植物の難しいところ（おもしろいところ）。目の前の植物をよく観察して、自分なりに捉えていってください。

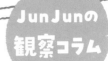

⑫ 植物の生きる形

草は、種類によって生育する際の型（生育型）を持ちます。つる植物なら、つるで伸びるので「つる型」です。

たとえば、まちなかでもよく生えているセイヨウタンポポは、葉を放射状に出し、低い姿勢で生きています。上から見ると、葉の出方がバラの花（ローズ）のように見えるので、この生育型は「ロゼット型」と呼ばれます。この型の利点は、人に踏まれても、葉のダメージが少ないこと。ですので、まちなかではよくロゼット型の植物に出会います。

それでは、人が立ち入らないような空き地に行くとどうでしょうか。こうした場所には、セイタカアワダチソウやコセンダングサのように、茎を高くのばす「直立型」の植物がよく生えています。人に踏まれない環境では、茎を高く伸ばすことで光を得るための競争が起きるので、地べたをはうロゼット型の植物は光を得にくく、その生育が不利になるのです。

このほか、茎を横に出して広がる「匍《ほ》匐《ふく》型《がた》（シロツメクサ等）」や、株の根本で茎が枝分かれする「叢《そう》生《せい》型《がた》（スズメノカタビラ等）」など、様々な生育型があります。これらを知ることは植物の生き方を知ることにつながってくるので、余裕が出てきたら観察してみてください。

オススメお供本 ～草編～

JunJunのレコメンド付き

草は、環境によって葉や花、背丈の大きさをがらりと変えていきます。観察を続けると、細かな特徴も捉えられるようになり、本で調べやすくなります。

草

初心者向け

最新版
街でよく見かける
雑草や野草がよーくわかる本
岩槻秀明（著）／秀和システム

ひとつひとつの植物の特徴と、どこに注目すれば見分けられるのかについての情報が多く書かれているので、ひとりで草を調べる際にはこの本が大きな助けになります。似た種の見分け方も教えてくれます。

改訂版 散歩で見かける
草花・雑草図鑑
鈴木庸夫（写真）、高橋冬（解説）／創英社／三省堂書店

まちなかで見かける植物が、園芸種も含めて載っています。持ち運びがしやすいサイズなのと、花が咲く季節、花の色からも調べられるのが嬉しい図鑑です。写真が美しいので、見ているだけでも楽しいです。

中上級者向け

帰化&外来植物
見分け方マニュアル950種
森 昭彦（著、写真、イラスト）／秀和システム

すでにある程度の草本植物を知っていて、「これは○○の仲間だな」という見立てができる方におすすめの図鑑です。似た草でも、どこに注目すれば見分けることができるのかのポイントを簡潔に教えてくれます。

つる植物

植物の生《せい》活《かつ》型《けい》の話
――雑草のくらし・野外観察入門
岩瀬 徹（著）／全国農村教育協会

植物は、科や属といった分類でグループ分けすることが多いですが、その植物が生活する際の型でも整理することができます。「つる型」「ロゼット型」など、植物のくらし方に興味がある方はこちらをぜひ。

第3章

季節別植物について

季節別植物① 実とタネ

純さんがわかりやすくワクワクしてますな…
ワクワク
ソワソワ
植物変た…もとい植物観察家として秋はテンション上がるみたいですよ
そう!!
秋は植物たちがアクティブに動き回る季節!! 秋の観察は超楽しいんですー♡
パアアアッ
植物が動き回るとはこれいかに!?
まさか純さん植物好きすぎて心の目で動いているのが見えるのか!?
あぶない人やったんか…
純さーん!
違いますよ!
はい、秋といえば…果実!!
果実と言えば…
タネ!!

植物は次の世代を残すために必死でタネを飛ばすんです！
人はそれを「植物の旅」と言う…
そういうことか
あぶない人じゃなかった…
その方法を僕なりに整理してみると7パターンありまして！
えっ？そんなに？
一体どんな方法で？
まずは自力で飛び出す
自動散布!!
よく見かけるのはホウセンカ。夏から秋にかけて、花が咲いたあとにラグビーボールのような果実ができます。
ぎゅっ
これをつまむと…

パチン!!
わ! はじけた!!
なるほど自動散布
おもしろ〜
実や皮が縮れたり開いたりしてそのはずみでタネが飛び出すんです
ホウセンカは50㎝〜1ｍくらいですがスミレやカタバミなら数メートル種子が飛ぶことも!
パーン
スミレ
パーン
カタバミ
大ジャンプ!
どこにそんなパワーが!?
お次は自然現象を利用した風散布!!
たとえばこのススキ
綿毛がいかにも飛びそうじゃないですか?
フワフワなのはタネを飛ばすためなのか〜

綿毛で遠くまで飛んでいくもののほかには翼《よく》を持ちプロペラのようにクルクル回って飛ぶものもあります
このイロハモミジは風が吹くとクルクル回って遠くまで飛んでいきます。
どれどれ
ガサー
バッ
きゃっ
ホントだ!
きゃっ
ホラ!ケヤキもタネを飛ばしてますよ!
え!?

タネ?
葉っぱですよ?
枝ごと落ちるんですね〜
小枝の葉のつけ根をよく見てください
あっなんかついてる!
もしやこれがタネ!?
そうなんです!
普通の落ち葉とタネのついている葉は大きさも違うでしょう?
小さめの葉が翼《つばさ》になってなるべく遠くに飛ばす仕組みになってるんです
植物の神様いろいろと工夫を考えすぎだろ
あとは軽くて小さいチリやホコリのような種子も風散布を凝ってみてください
このシランなんかは粉のようですよ
シラン
めちゃ細かい〜

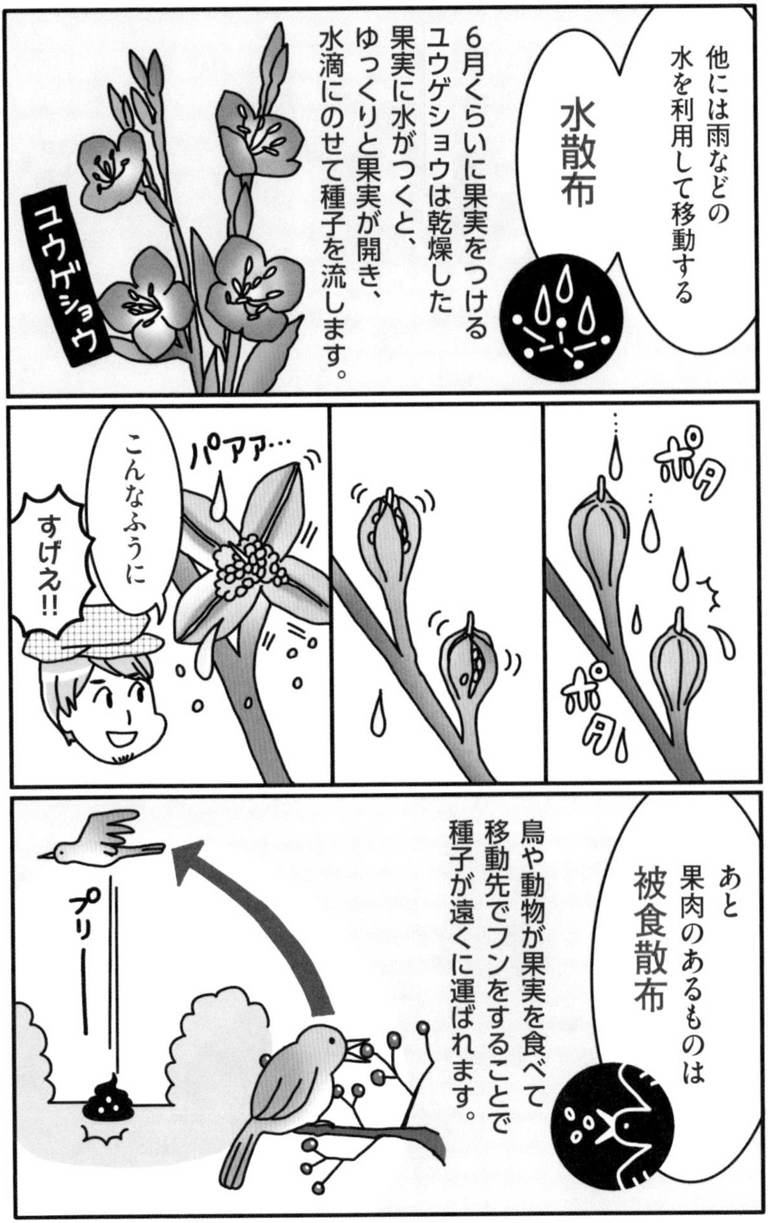
他には雨などの
水を利用して移動する
水散布
6月くらいに果実をつける
ユウゲショウは乾燥した
果実に水がつくと、
ゆっくりと果実が開き、
水滴にのせて種子を流します。
ユウゲショウ
ポタ
ポタ
パアア…
こんなふうに
すげえ!!
あと
果肉のあるものは
被食散布
鳥や動物が果実を食べて
移動先でフンをすることで
種子が遠くに運ばれます。
プリ――

1～1.5cmの鳥が丸呑みできそうなサイズの果実は動物の中でも鳥に運んでもらう戦略のものが多いです
鳥にターゲットを絞るわよ～!!
特に赤などの目立つ色の果実は鳥狙いと思っていいでしょう!
このエノキは果実が黄色やオレンジで空からもよく目立ちますよね
果実も甘くて鳥に人気なんです
エノキ
かわいい!!
こっちの植物の実すごく赤くておいしそうなのにめっちゃ売れ残ってますよ…?
たわわ～
トキワサンザシですね
なかにはおいしくないものもあるんですよ～
ほんのり毒があるものもあります
ナンテンとか…

え？
バカなの？
おいしくすりゃ
いっぱい運んで
もらえるのに…
言い方…
おいしいからと
すぐに食べられてしまうと
同じ時期に一斉にフンが
まかれることになり
もしそこが植物にとって
適した環境でなければ
全滅！なんてことも…。
ここじゃ
な〜い!!
おいしくない果実は
長い期間にわたって
少しずついろんな場所に
運ばれるので、
なかには最適な環境に
届くことも
…というのが
僕の持論
です!!
むしろかしこい
ってことなのか…？
バカなんて言って
スミマセン!!
動物の中には、
その場で食べるだけじゃなく、
冬に備え、果実を貯めておく
ものもあり
あとで
食べよっと♥
そのまま忘れたり、
食べ切れなかった果実から
芽が生える貯食散布なんて
のもあります。
うっかり狙いか…
いろんな作戦
考えるよな〜

フフフ
実は僕たちも
うっかり散布に
協力してるん
ですよ…
え!?
ズボンの
裾を見て
ください!
あっ
ひっつき
虫!!
そう、これが
付着散布
今、ひっついているのは
コセンダングサのタネ。
コセンダングサ
離さねえ!!
よーく見ると先の2、3本の
トゲのほかにさらに下向きの
返しがいっぱいついています。
絶対
ひっついてやる
という気迫を
感じる…
なかには
イノコヅチのように、
ひっつき具合が弱いものも
イノコヅチ
取れやすいのよ…
あえて親が
生えている環境から
離れず生存率を上げて
いるのかもしれません

最後に生き物が散布する中でも特徴的な
アリ散布
このタケニグサの種子、よく見ると白いモノがついてますが、これはエライオソームといってアリが好む脂肪酸を含む物質です。
タケニグサ
アリはこの物質狙いでやってきますが、なかなか取れないので種子ごと巣に運びます。
わっせわっせ
アリはきれい好きなので、食べ終わると巣の外に捨てます。
いらね
そうやって巣のそばに種子を運んでもらうんですよ。
すごい策士ですね!
わくわくするでしょ?
果実も種子も形や散布の仕方に工夫がいっぱいなんです。
さ、日が暮れるまでタネを探す旅を続けましょ~!
私も鳥に運んで欲しい

ホウセンカ

科目: ツリフネソウ科ツリフネソウ属

背丈: 20 − 60cm

見られる所: 庭や植え込み

5枚の花弁を持ち、左右の花弁は 2枚ずつ合着しているとされる。茎はまっすぐで、葉は細長く荒い鋸歯がある。7−9月頃に花が咲き、その後ラグビーボールのような緑色の丸い果実がなる。

実

茶色い種子を包む果皮は、内側に巻き込む力があり、震動で 5つに裂けて内側に丸まり、その勢いで種子が飛び出る。

花にはスミレと同様に距があり、花色は赤やピンク、紫、白。

MEMO

ススキ

葉は線形で硬く、鋭い鋸のような歯があり、手などを切りやすい。

科目: イネ科ススキ属

背丈: 100 − 200cm

見られる所: 道端、線路沿い、空き地

春に地下茎から、多数の茎を伸ばし、群生する。秋になると、10−30cmほどの花穂を出す。穂は十数本からなり、そこに小さな花穂がぎっしりつく。受粉後、綿毛を出し風で飛ぶ。

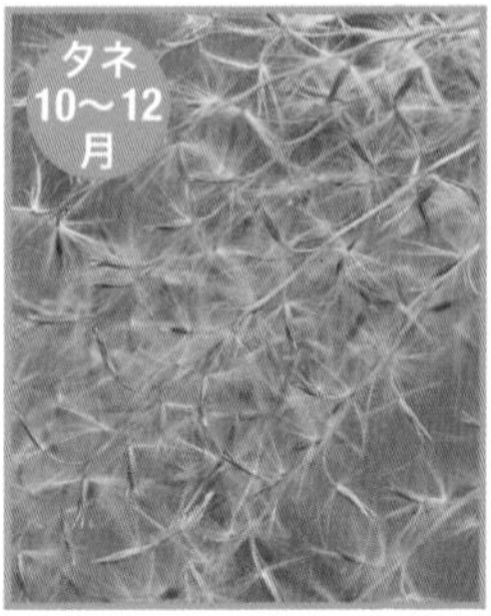

MEMO

イロハモミジ

葉先が分かれ、掌のようになっている。秋には鮮やかに紅葉する。

科目：ムクロジ科カエデ属

背丈：4 − 15m

見られる所：庭や公園、街路樹

4−5月の花後、果皮が翼のような役割をする翼果《よくか》になる。木についているときは竹とんぼのような形だが、乾燥し落ちるときにはひとつずつに分かれクルクルと舞い落ちる。

MEMO

ケヤキ

先端に向かってカールした鋸歯の葉や、扇形の樹形が特徴。

科目：ニレ科ケヤキ属

背丈：7 − 30m

見られる所：公園、街路樹

春に目立たない黄緑色の小さい花を咲かせる。秋に赤や黄色に紅葉し、小枝についた葉を翼がわりに、葉の根元に丸い実をつけた枝ごと風に飛ばす。実がつく枝の葉は他の葉より小さい。

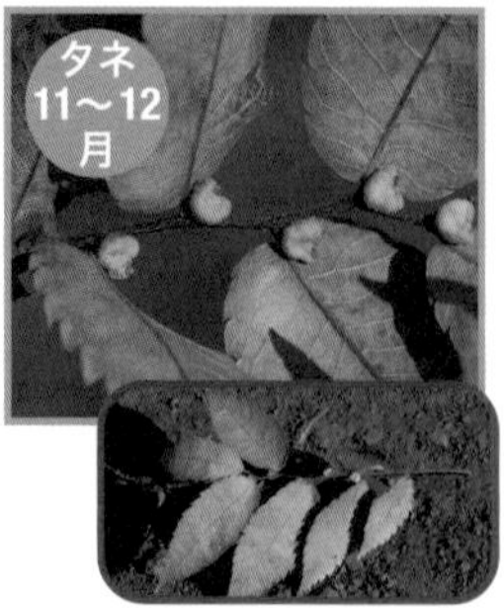

MEMO

ユウゲショウ

名前は「夕《ゆう》化《げ》粧《しょう》」だが、夜明け頃開花し夕方にはしぼむ。

科目：アカバナ科マツヨイグサ属

背丈：20 − 60㎝

見られる所：庭や道端

5月ごろから秋まで、ピンク色の花を咲かせては果実をつける。熟した実が、雨に濡れると、花のように開き、しずくにのせて種子を飛ばす。乾燥すると果実を閉じ、開閉を繰り返す。

MEMO

エノキ

枝が多く、低い位置からも枝を伸ばし、こんもりとした樹形になる。

科目：アサ科エノキ属

背丈：5－20m

見られる所：道端、公園

春に花を咲かせ、秋にオレンジから赤黒く熟していく果実は、ジャムのように甘く、ヒヨドリやムクドリに人気。葉先1/3に鋸歯があり、葉身のつけ根から三行脈が長く伸びる。

MEMO

コセンダングサ

科目：キク科センダングサ属

背丈：30－100cm

見られる所：道端、野原、公園

MEMO

秋に黄色い筒状花が集まった花が咲く。ひとつひとつの花が、トゲを持つ茶色いタネ、いわゆる「くっつき虫」になり、服や、動物の毛などにひっかかってくっつき散布される。

茎は、四角く角張り、葉は下部では羽状複葉、上部は単葉になる。

タネ

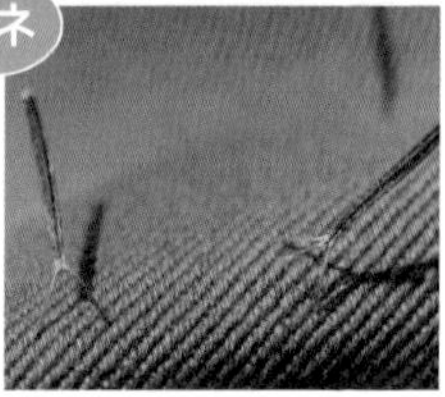

先端の長いトゲは2～4つに分かれ、タネ全体に下向きのトゲがびっしりつき、返し針となっている。

イノコヅチ

茎は、四角く角張り、葉は先の尖った楕円形で厚みがある。

科目：ヒユ科イノコヅチ属

背丈：30－100cm

見られる所：公園、道端

晩夏に10−20cmの穂になった星形の花が咲く。花は横向きだが、タネになるときには穂の軸に沿って下向きになる。タネには、硬く短い2本のトゲがあり、服や動物の体につく。

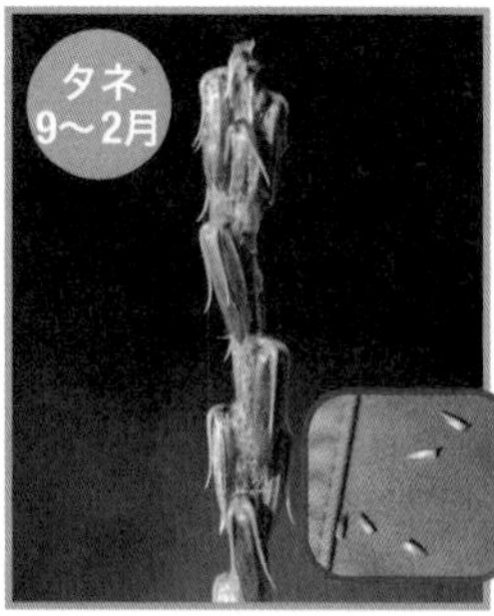

MEMO

タケニグサ

崩壊地などの裸地に生えるアカメガシワと同じパイオニア植物。

科目：ケシ科タケニグサ属

背丈：100－200cm

見られる所：道端、空き地

夏に、多数のおしべからなる花が円錐状に集まって咲き、それぞれが平たい果実になる。その果実が風でゆれるとシャラシャラ音を立てることから「ササヤキグサ」とも呼ばれる。

MEMO

平たい果実の中の、黒い種子には、アリが好む白いエライオソームという物質がついている。アリが種子ごと巣に運び、不要な種子は巣の外に捨てられる。

JunJunの観察コラム

⑬「種子」と「タネ」

「果実」と聞くと、ジューシーなフルーツを思い浮かべる人が多いと思います。ですが、植物の果実のなかには、果肉がほとんどなく、種子の皮と果実の皮が合体したようなものがあります。

たとえば「ヒマワリのタネをまこう」と土に埋めるもの。じつはあれは見た目上は種子に見えますが、正確には果実です。果肉が無い痩せた果実ということで「痩果《そうか》」と呼ばれます。なので、この際のセリフは「ヒマワリの果実をまこう」が正しい表現になります。とはいえ、植物用語を日常会話で正確に用いると、「ヒマワリの果実って、なに？」と、いちいち会話が止まってしまいます。ですので、本書のような、専門書ではない一般向けの本では、種子そのものは「種子」と書き、種子に見えるが本当は果実であるものは「タネ」と表記することで、その混乱を避けることがあります。今回の漫画でもそのように書いてもらいましたので、気になる方はもう一度読み返してみてください。

①ヒマワリの果実 ②ヒマワリの果実の皮と種子 ③ドングリも、じつは果実。堅い皮を持つので「堅果《けんか》」と呼ぶ

⑭ スミレの合わせ技

春になると、都市部でもスミレの花が咲きます。もし見つけたら、果実になる5月頃にまた見に行ってください。三角形をした果実が上向きについているはずです。晴れた日の午前に1時間くらい見守っていると、その果実は3つに分かれて広がります。その様子を上から見るとびっくり。3つに分かれたさやに、種子がびっしり詰まっているのです。

その後、果実のさやは乾燥して縮みます。すると、中の種子は押し出され、ポンポンと飛び出していきます。そう。スミレの種子は、自ら飛んでいく「自動散布」の種子だったのです。

ところが、スミレの種子散布はこれで終わりません。地面に飛んだ種子をルーペなどで見ると、そこには「エライオソーム」と呼ばれる小さな白い粒がついています。地面に落ちたスミレの種子を、今度はアリが巣まで運んでいきます。つまり、スミレは「アリ散布」でもあるのです。

まず自ら飛び、次にアリに運んでもらう。これがスミレの種子散布の合わせ技。お見事！

①スミレの果実　②3つに分かれた果実　③種子

季節別植物② 植物の冬越し対策

そう思うでしょ? よ〜く、枝先を見てください…
あ、なんかタマネギみたいなのがついてる
ハナミズキ
そう! それがハナミズキの花芽《かが》なんですよ
花芽
葉芽
こっちの小さい尖っている芽は葉っぱの芽…葉芽《ようが》です
ハナミズキって花が咲くのは4月下旬くらいでしたよね…?
フフフ… 4月下旬に花を咲かせるための準備を冬の頃から始めているんです
気い早!
落葉樹は冬の間、寒さや乾燥から身を守るため、休眠します。
ぐー

そして、春に一気に葉や花が成長するのですが
ぱぁあっ
それまで葉や花の赤ちゃんをいろんな方法で寒さや乾燥から守るんですよ
今日はそんな冬芽を見ていきましょう!
赤ちゃん…なんか愛おしく思えてきた…
さっそくこのドウダンツツジの冬芽を観察してみてください
ロウソクの火みたいでかわいい!
皮?が重なってますね
鱗のように皮を重ねて中身を守っています。これを鱗《りん》芽《が》といいます。
樹木の冬芽は鱗芽であることが多いんですよ

ちょっとかわいそうですが、むいて中を見てみましょう
わわ！葉っぱみたいなのがある…
確かに守られてますね！
鱗芽も色々あってハクモクレンやコブシはフワフワの毛を生やした鱗芽で寒さから守っていたり
温かそう…♥
トチノキはベタベタした鱗芽で乾燥から中身を守っています。
ねっとり…
このモミジバスズカケノキはなんと早着替えをするんですよ〜！
え？歌舞伎？？
？
この葉っぱの根元を折って離して脱がすと…
ぐっ…

中から鳥の爪みたいのが出てきた…
ポン!!
この爪みたいなものが冬芽。葉柄のつけ根に冬芽を隠していて、葉柄内芽《ようへいないが》といいます。新しい芽を出したときから、葉の根元に次の芽を内包しているんですよ
芽が成長し、秋になって葉を落とすと、次の芽が表に現れるという…
マトリョーシカみたいですね
おもしろ〜
脱いでも脱いでも新しい芽が!
いろんな工夫で芽を守ってるんですね…
そうかと思えば裸の芽もあるんです
このムラサキシキブは小さな葉が縮こまっています。よく見ると葉脈があるでしょ? 裸芽《らが》といいます。
ホントだ!

細かい毛が生えてますよ？
その毛で自らを守ってるんですね
服着て寒さから守るやつもいれば裸とは!!
そら体毛も濃くなるわ!!
そして慎重派のエゴノキ!!
何か気付きませんか？
子連れみたいになっとる！
大きい方を主芽《しゅが》小さい方を副芽《ふくが》といいます
サッカーで言えばスタメンと控え選手。スタメンの主芽が芽吹けば副芽は芽生えることなくずっと小さいまま。
主芽に何かがあった場合は副芽が代わりに芽吹く？
そういうことです
なるほど慎重派！

ここまで冬に葉っぱが落ちる樹木ばかり見てきましたが
常緑樹にももちろん冬芽はあります！
よく見かけるこのアオキは常緑樹ですが
ほらここに！
確かにつぼみみたいなのがある！
アオキは混芽《こんが》といってこの芽の中に花と葉が一緒に入ってるんです
切ってみるとよくわかりますよ
ごめんね〜る
この小さいプツプツしたのが花？
そう！そしてまわりの緑が葉っぱの芽ですね
同居してる！

そういえば草はどうやって冬を過ごすんですか？
さみー
草は枯れてしまうものもありますが
越冬する草の中には工夫しているものもあるんです！
ここ、見てください
冷たい風に吹かれるのを避け、日光を効率よく集めるために重ならないようにベターっと葉を広げるロゼットという形で冬を越します
ただこのロゼットの状態で植物を見分けるのはとても難しいんですよ
違う植物でも環境によってかなり似てしまうので葉だけだと見分けがつきにくいし
ロゼットの形も環境によってかなり左右されるので、図鑑の写真となかなか一致しない…

とりあえずは特徴のあるキュウリグサとウラジロチチコグサの2種類を覚えてみてください
キュウリグサ
葉の形がスプーンのよう
葉の裏が白い
ウラジロチチコグサ
わからないものには印をつけておいて春になったら答え合わせをしてもいいですね
印つけたとこ絶対忘れるわ
「忘れる」に5億点…
この小さい草はなんですか？
ロゼットになってないけど…
それはホトケノザですね～
ホトケノザ
春
えっ？
こんなに早くから芽を出すんですか？

秋に芽生えて小さいまま冬を越し春に一気に大きくなります
冬
秋
じっ
春
木の冬芽もそうですが植物は冬のうちから芽を出して準備しておかないと春のスタートダッシュにのりおくれちゃうんですね
準備大事
わい、いつも見切り発車で物事進めちゃうから…
ボクも見習います
そして春になったら、また新たな植物のサイクルがスタートします!
まちなかの植物観察続けていきましょー!!
2巡目3巡目と続けるぞっ
オーーッ

ハナミズキ

葉は、全縁で明るい緑色。弧を描く側脈が葉の縁まで伸びる。

科目：ミズキ科ミズキ属

背丈：3－8m

見られる所：庭や公園、街路樹

タマネギ型をした大きな花芽と先の尖った小さな葉芽を両方つける。5月に開花する花の、花弁に見えるのは、総苞片《そうほうへん》といわれる葉が変型したもの。小さな花が中央に集まって咲く。

MEMO

ドウダンツツジ

春に壺型の白い花が下向きに垂れ下がる。葉は小さく緩い菱形。

科目：ツツジ科ドウダンツツジ属

背丈：1－3m

見られる所：庭や公園、生け垣

秋に葉が紅葉し、落葉すると、枝先の冬芽がろうそくの火のように見える。葉が出た後、花芽が伸びる。短い枝の枝先に束生、長い枝には互生に葉が生える。

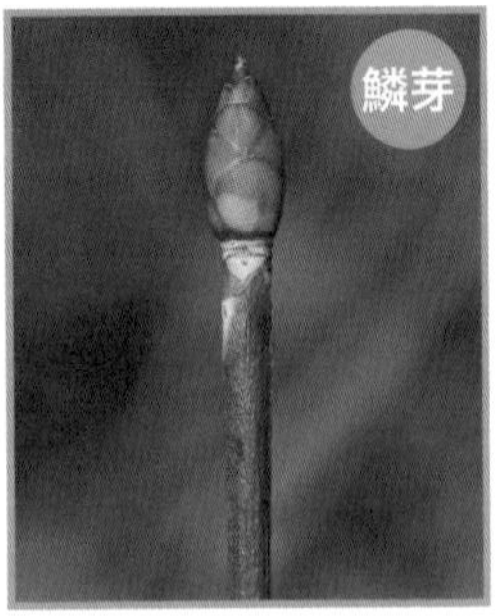

MEMO

ハクモクレン

めしべの数が多く、果実が集まる「集合果」となる。

科目：モクレン科モクレン属

背丈：7－15m

見られる所：庭や公園、街路樹

枝の先に大きな花芽、側面に小さな葉芽をつける。芽は白くて長く柔らかい毛で覆われ、成長ごとに外の芽鱗を落とし、春に白い花と葉を出す。中国原産で日本ではよく街路樹に使われる。

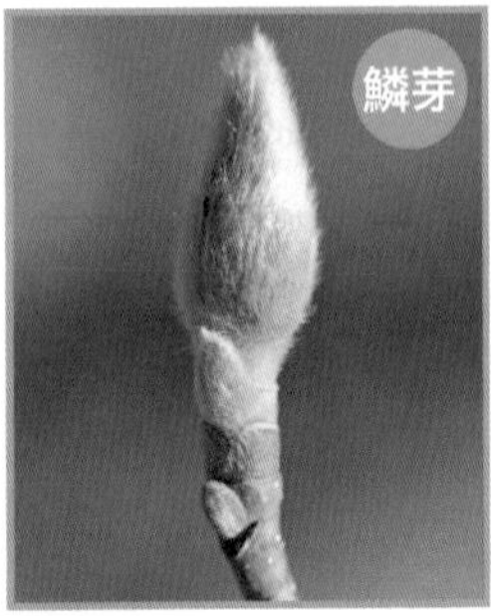

MEMO

モミジバスズカケノキ

雌雄異花で、球状の花が、雌花は枝先、雄花は短い枝の根元につく。

科目：スズカケノキ科スズカケノキ属

背丈：10－25m

見られる所：街路樹、公園

別名プラタナス。葉柄のつけ根が膨らんでいて、つるっとした冬芽をキャップのように包む(葉柄内芽)。葉は長い柄がついて大きく、葉先が掌状に3つに分かれ、大きな鋸歯がある。

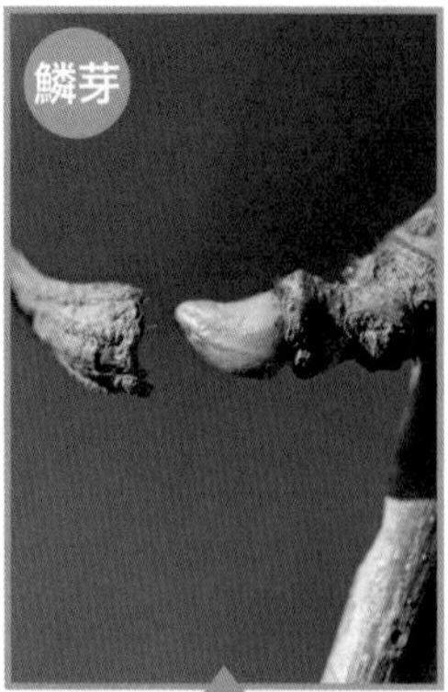

幹は、淡灰褐色あるいは灰緑色。鱗状に不規則にはがれる。

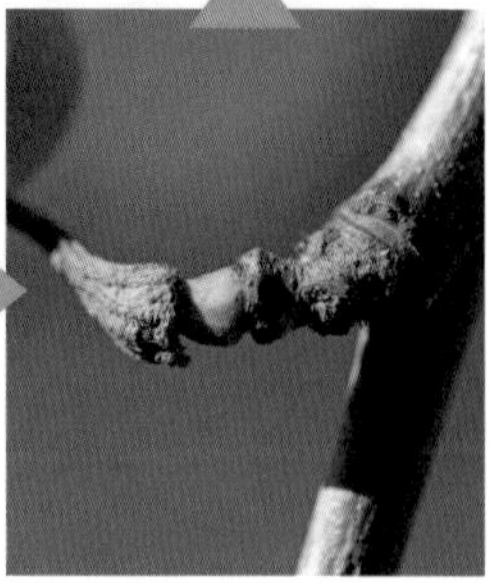

乾燥した葉を根元からそっと折り離すと、中から尖った冬芽が出る。

MEMO

ムラサキシキブ

似たコムラサキシキブに比べて、紫の果実がまばらについている。

科目：シソ科ムラサキシキブ属

背丈：2－5m

見られる所：庭や公園

まわりを覆うものがなく、葉をぎゅっと縮め、まわりに茶色い短毛を密集させ冬を越す。葉は細長い楕円形で、先が尖る。初夏に、ピンク色の小さな花を咲かせ、秋に紫の果実をつける。

MEMO

エゴノキ

科目：エゴノキ科エゴノキ属　MEMO
背丈：5－12m
見られる所：庭や公園

覆うもののない裸芽で、淡褐色の放射状に伸びた星状毛が密生している。主芽と副芽があり、主芽が芽吹くと副芽は芽吹かず待機し続ける。葉身や葉柄、枝に星状毛が見られる。

5月頃、小枝の先端に、良い香りのする白い花を下向きにつける。

果実にサポニンという成分が含まれているため、潰して水に入れ、よく振ると泡が出る。

アオキ

科目：アオキ科アオキ属　MEMO
背丈：50cm－3m
見られる所：庭や公園

雌雄異株。どちらも円錐状に紫の花を咲かせる。雌株に赤い果実がなる。

大きな楕円形の葉をつける常緑樹だが、枝先の葉の間に冬芽をつける。芽は、花と数枚の葉の芽を一緒に包み込んだ混芽になっている。春に芽を開き、枝を伸ばしながら展開する。

キュウリグサ

青い花を咲かせながら、クルクル巻かれたつぼみの穂先を伸ばす。

科目: ムラサキ科キュウリグサ属

背丈: 10－30cm

見られる所: 道端、空き地

葉を揉むとキュウリのような青臭い匂いがする。長い葉柄と丸い葉身からなる葉を地面に広げ、ロゼット状で冬を越す。春伸ばした茎の上部の葉は、細長い卵形をしている。

MEMO

ウラジロチチコグサ

茎やその先についた縁が波打った葉の裏にも白い毛が密集している。

科目: キク科チチコグサモドキ属

背丈: 10－30cm

見られる所: 道端、空き地

地上の茎を枯らし、裏が白毛で覆われた長細いヘラのような葉を地面に広げて越冬する。春から夏にかけて、穂状に集まった褐色の小さい花を咲かせ、綿毛のついたタネを風に飛ばす。

MEMO

ホトケノザ

種子には、アリが好むエライオソームという物質がついている。

科目: シソ科オドリコソウ属

背丈: 10－30cm

見られる所: 道端、空き地

秋に発芽し、小さいまま冬を越す。春に大きく成長し、唇形で紫色の花を咲かせ、同時につぼみ状の閉鎖花をつける。花の下の葉が、仏様の座る台座に似ていることが名の由来。

MEMO

JunJunの観察コラム

⑮ 季節別植物観察

私は植物観察を、いつも同じ場所、同じルートで行うことをお勧めしています。といっても、わざわざ観察スポットを設定する必要はありません。いつも通る道で、生活の「ついでに」観察してもらえれば十分です。

たとえば私なら、学生時代には駅から大学への道を歩きつつ植物を探していましたし、社会人のときは、お昼休みに行く公園で植物を見ていました。今となっては外を歩き回ることもせず、家の庭で毎日植物を見ています。

同じ場所で植物を見て飽きないの？と思うかもしれません。これがなんと、まるで飽きません。なぜなら、植物は季節に応じてその姿を変えますし、春と秋ではちがう植物に出会えるからです。私たちが変わらなくても、植物の方がどんどん変わってくれるのです。

ためしに春を思い浮かべてみてください。冬に寂しく枯れたような姿になっていた木々は、春になると急に芽吹きはじめます。茶色い景色が淡い緑色になり、気付けば一気に濃い緑色になるこの変化は、同じルートで見続けることでより深い驚きとして感じることができます。暖かくなれば、足元では小さな草花が次々に咲き、新緑だった木々にも花が咲きます。それに気を取られていると、草花はすでに果実になっていたりして、植物の変化は目まぐるしくやってきます。秋には果実と種子を探して遊び、冬には寒さに耐える植物の工夫を観察します。そうしているとあっという間に1年が過ぎていきます。

植物観察をしていると、カレンダー以外の方法で季節の変化を感じることができるようになります。今年は春が遅いなぁとか、ずいぶん秋が早いなぁと感じていると、植物と自分がつながったような感覚がしてきて嬉しくなるものです。

また、季節毎《ごと》に植物を観察することは、その日一日の貴重さに気付くことでもあります。なにせ、今日見た植物の姿を、明日もまた見られるとは限らないのですから。植物観察をしていると、いつもの道が「特別な道」に変わるのです。

ケヤキの春夏秋冬

春
Spring

3月

●葉より先に花を出す樹木の観察：
ソメイヨシノ、コブシ、ハクモクレン、ユキヤナギなど

●ちょっと暖かくなるとすぐに咲く草花の観察：
ホトケノザ、ヒメオドリコソウ、オオイヌノフグリなど

ハクモクレン

ユキヤナギ

オオイヌノフグリ

4月

●個性的な木々の芽吹きを探す：
イチョウ、ユリノキ、イロハモミジ、アオギリなど

●草花がたくさん咲く季節なので、どんな花が咲いているかひたすら観察：

黄色：ハルノノゲシ、ノボロギク、カタバミの仲間
紫：スミレ、カラスノエンドウ、キュウリグサ
白：ナズナ、ミチタネツケバナ

ミチタネツケバナ

イチョウ

5月

●花外蜜腺さがし：
ソメイヨシノ、カラスノエンドウ、アカメガシワ

●様々な種子散布の方法を観察：
オッタチカタバミの自動散布、セイヨウタンポポの風散布、スミレのアリ散布など

●目立つ木の花を探す：
ハナミズキ、エゴノキ、ユリノキ、センダン

ユリノキ

オッタチカタバミ

夏 Summer

6月

- 花に見えて花じゃないものの観察：ヤマボウシ、アジサイ
- 目立たないがじつは咲いている木の花を探す：マテバシイの雌花、クリの雌花
- 梅雨に咲く花を探す：ツユクサ（早朝に咲いて昼には閉じる）、クチナシ（良い香り）、タチアオイ（雌雄異熟）

クチナシ

ツユクサ

7月

- つる植物いろいろ：巻きつき型のヘクソカズラ、巻きひげ型のヤブカラシ、もたれかかり型のカナムグラ、吸盤のナツヅタ、気根で張り付くノウゼンカズラなど

サルスベリ

ネムノキ

- ちょっと変わった姿の花：サルスベリ（２種類のおしべ）、ネムノキ（花びらの代わりにおしべが目立つ）など

8月

- 時間で咲く花の観察：オシロイバナ（16時）、ハゼラン（15時）、アサガオ（4時）、カラスウリ（18時）
- 夏を感じる夏らしい花を探す：ムクゲ、フヨウなど

オシロイバナ

ハゼラン

秋
autumn

9月

●夏の終わりに急に姿が現れる植物を探す：
ヒガンバナ、ツルボ、ノビル

●はやくも実になっている樹の観察：
アオギリ、ザクロ、エゴノキ

●エゴノキのシャボン玉づくり

ザクロ

ヒガンバナ

10月

●キク科の花のつくりの観察：ツワブキ

●名前の由来が面白い植物探し：
コミカンソウ（ミカンみたいな実）、
ハキダメギク（掃き溜めで発見された）

コミカンソウ

ハキダメギク

11月

●くっつくタネ探し：
オオバコ（ネバネバ）、コセンダングサ（返し針）、アレチヌスビトハギ（マジックテープ式）

●飛ぶタネ探し：ケヤキ、イロハモミジ、ユリノキ

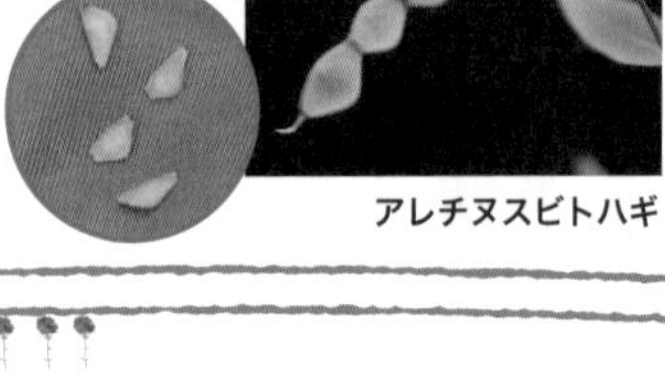

アレチヌスビトハギ

ユリノキ

冬
winter

12月

●実を探す：ヤブマメ（地面の中に咲く花と、地中の実）、ヤブラン（皮をむくとボールのようにはねる）

●紅葉と落葉の観察：カツラ（落葉からキャラメルの匂いがする）、イロハモミジ（カラフルな紅葉）、イチョウ（黄色）

カツラ

ヤブラン

1月～2月

●植物の冬越しの様子の観察：

草のロゼット…身近な環境だとセイヨウタンポポの仲間、ハルジオン、キュウリグサ、オニノゲシなどが見分けやすい

冬芽と葉痕のおもしろい顔…サンショウ、アジサイ、フジ、オニグルミ、アオギリ、サンゴジュ

サンショウ

アジサイ

セイヨウタンポポ

ハルジオン

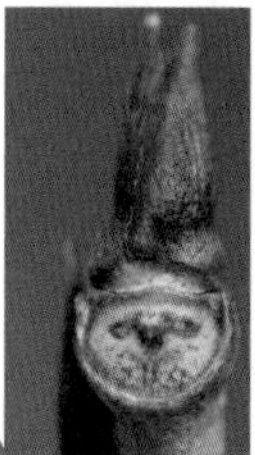
フジ

オニグルミ

アオギリ

サンゴジュ

ガクアジサイ

オススメお供本 〜季節別編〜

JunJunのレコメンド付き

目につきやすい花や葉と違い、実や冬越しの姿は、目立たないことも多く季節も限られているので、見過ごしがち。本で確認してから探しに行くのもアリです。

実とタネ

身近な草木の実とタネハンドブック
多田多恵子(著)/文一総合出版

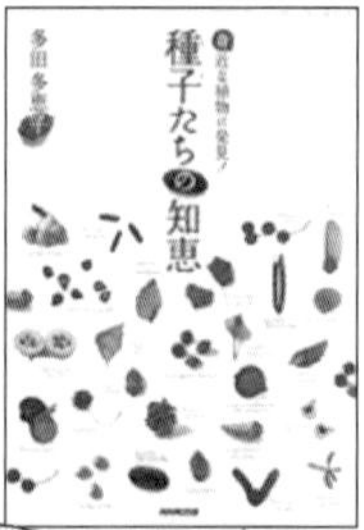

身近な植物に発見! 種子《タネ》たちの知恵
多田多恵子(著)/NHK出版

身近な場所で見つけた実やタネが、どのような散布方式を持っているのかを調べることができる図鑑です。植物の種子散布は見た目で推測できないこともあるので、そんな場合はこのハンドブックでチェック!

植物の種子散布の様々な方法を知るには、まずはこの一冊をおすすめ。読み進めるほどに、こんな方法もあったのか!と、「実とタネ」の戦略の豊富さに驚かされます。読み物としても楽しいです。

植物の冬越し対策

冬芽ハンドブック
広沢 毅(解説)、林 将之(写真)/文一総合出版

野草のロゼットハンドブック
亀田龍吉(著)/文一総合出版

身近な雑草の芽生えハンドブック1 改訂版
浅井元朗(著)/文一総合出版

地味な印象がある冬の植物観察も、この3冊があれば一気に楽しくなります。樹木は『冬芽ハンドブック』、草は『野草のロゼットハンドブック』と『身近な雑草の芽生えハンドブック』。どれも持ち運びしやすいサイズなので、全部持っても荷物が重くならないところもありがたいです。

そのほか、全体を通してオススメの本・サイト

【植物用語を調べるなら】

●写真で見る植物用語（野外観察ハンドブック）
岩瀬 徹（著）、大野啓一（著）／全国農村教育協会

【植物全体について学ぶなら】

●はじめての植物学—植物たちの生き残り戦略
大場秀章（著）／筑摩書房

●観察する目が変わる植物学入門
矢野興一（著）／ベレ出版

●絵でわかる植物の世界（KS絵でわかるシリーズ）
大場秀章（監修）、清水晶子（著）／講談社

【植物の生態を知るなら】

●増補改訂　植物の生態図鑑（大自然のふしぎ）
多田多恵子、田中 肇／学研プラス

●したたかな植物たち／多田多恵子（著）／筑摩書房

●花と昆虫、不思議なだましあい発見記／田中 肇（著）／筑摩書房

●街の木ウォッチング オモシロ樹木に会いにゆこう
岩谷美苗（著）／東京学芸大学出版会

【植物の名前の由来を調べる】

●野草の名前 和名の由来と見分け方 高橋勝雄（解説・写真）、松見勝弥（絵）／山と溪谷社

【質問ができるWEBサイト】

●一般社団法人 日本植物生理学会　みんなのひろば　植物Q&A
https://jspp.org/hiroba/q_and_a/

日本植物生理学会の広報委員会が運営する質問コーナーです。
日々の観察における何気ない疑問をWEB上で質問することができるありがたいサイト。
過去にされた質問の回答を読むこともできるので、それを読んでいるだけでもとても勉強になります。

●樹木鑑定サイト「このきなんのき」
http://www.ne.jp/asahi/blue/woods/

樹木図鑑作家の林将之さんが管理人（所長）をつとめるサイトです。
知りたいけれどわからない樹木を写真付きで投稿すれば、それをわかる人が名前を教えてくれます。

●植物検索システム・撮れたてドットコム
http://www.plantsindex.com/

植物写真家のいかりまさしさんが運営するサイト。
花の色や季節などの情報を入力すると、植物を検索することができるのみならず、
美しい写真で細部まで植物を知ることができます。植物の名前を教えあう画像掲示板もあります。

エピローグ

私はこれまで、植物という植物を寿命半ばに枯らしてきた人間です。
観葉植物しかり
ベランダ菜園しかり…
なんだろう…家の磁場が悪いのかしら？
それとも風水的な何かなのか…？
…それはおそらく植物に対する知識、理解そして愛がなかったからでは…？
どーせ育て方を調べたりしてないんでしょ…？
ガッテン!!
それだ!!
そんな愛のない私でしたが…
純さんの観察会に参加してから
いつも通ってる道にこんなに植物があったんだ！
景色の一部だった植物たちが立ち上がって見えてくるようになりました。

珍しいものやキレイなものを見つけると写真を撮ってみたり…
名前を聞いてみたり調べてみたり…
すみませーん　この庭木なんて植物ですかー？
実家にあったモンステラを見て
ん？
元々こーゆー葉かと思っていたら葉が増える度に穴が広がって
こうなってんだ!!
これは風や太陽の光を通すためでは!?
知らんけど。
なんて考察してみたり
すっかり植物を見る目が変わりました。
みなさんも身近にある草や木に興味を持っていただけたら嬉しいです！

おわりに

野山には行かず、「まち」で植物観察をする。そんな会を実施することが仕事です。当初は単発の観察会を行っていましたが、今は年間講座にしています。月に一度、同じメンバーで観察をし、知識を1回ずつ積み上げていく。1年後には、独力で植物を自由に楽しめるようになることを目標にしています。

この講座に、小学館の片山さんと、漫画家のカツヤマさんも参加してくれました。息ぴったりのコンビが、丁寧かつ面白い漫画を作ってくれました。また、講座中に受けた受講生のみなさんからの質問も、漫画には反映されています。おかげで、痒《かゆ》い所に手が届く本になったと自負しています。どうもありがとうございます。

読者のみなさんには、この本を片手に、身近な場所で植物を実際に探してほしいのです。足元には必ず植物との出会いが待っています。

最後に、私を植物の世界に導いてくれた先生方と、温かく見守ってくれる家族に感謝を伝えたいです。そして、いつも私を楽しませてくれる植物にも感謝！

鈴木 純

参考文献

●写真で見る植物用語（野外観察ハンドブック）
岩瀬 徹（著）、大野啓一（著）／全国農村教育協会

●図説 植物用語事典
清水建美（著）、梅林正芳（画）、亘理俊次（写真）／八坂書房

●観察する目が変わる植物学入門
矢野興一（著）／ベレ出版

●絵でわかる植物の世界（KS絵でわかるシリーズ）
大場秀章（監修）、清水晶子（著）／講談社

●はじめての植物学　―植物たちの生き残り戦略
大場秀章（著）／筑摩書房

●増補改訂　植物の生態図鑑（大自然のふしぎ）
多田多恵子、田中 肇／学研プラス

●改訂新版　日本の野生植物 全5巻
大橋広好（編）、門田裕一（編）、邑田 仁（編）、米倉浩司（編）、木原 浩（編）／平凡社

●山溪ハンディ図鑑 14 増補改訂 樹木の葉
実物スキャンで見分ける1300種類
林 将之（著）／山と溪谷社

●身近な草木の実とタネハンドブック
多田多恵子（著）／文一総合出版

監修・写真・コラム執筆／ **鈴木　純**

植物観察家／植物生態写真家。1986年東京都生まれ。東京農業大学で造園学を学んだのち、青年海外協力隊に参加。中国で砂漠緑化活動に従事する。帰国後、国内外の野生植物を見てまわり、2018年にフリーの植物ガイドとして独立。野山ではなく、まちなかをフィールドとした植物観察会を行っている。2021年に第47回東京農業大学「造園大賞」を受賞。著書に『そんなふうに生きていたのね まちの植物のせかい』『種から種へ 命つながるお野菜の一生』（ともに雷鳥社)、『ゆるっと歩いて草や花を観察しよう！ すごすぎる身近な植物の図鑑』(KADOKAWA)。ほか、雑誌等への寄稿多数。
Twitter：@suzuki_junjun　HP：https://beyond-ecophobia.com/

漫画／ **カツヤマ　ケイコ**

1975年京都府生まれ。百貨店勤務を経てイラストレーター＆漫画家に。一男二女のママでもある。著書に自身の子育てを描いた『ごんたイズム』シリーズ（双葉社)、『まるごとわかる保育園』（共著、自由国民社)、『産婦人科医宋美玄先生が娘に伝えたい 性の話』（共著、小学館）など。

まちなか植物観察のススメ

2023年 2 月27日　初版第1刷発行

監修・写真・コラム執筆　鈴木純
漫画　カツヤマケイコ
発行人　下山明子
発行所　株式会社小学館
〒101－8001
東京都千代田区一ツ橋2－3－1
編集　03-3230-5446　販売　03-5281-3555

DTP　株式会社昭和ブライト
印刷　凸版印刷株式会社
製本　株式会社若林製本工場

ISBN 978-4-09-311536-0

ブックデザイン　next door design（東海林かつこ）
制作　太田真由美・斉藤陽子
販売　金森悠
宣伝　野中千織
編集　片山土布